覺醒

——20 世紀中國影像史

（1910-1919）

師永剛　張泉　編著

代序

陌生的祖國：一部由影像講述的中國百年史

「往回看，才能明白未來。」

任何歷史都是由後人所記錄與創造的，我們看到的那些歷史以及英雄們的表演，他們在時間中的定位與背影，都帶着後來者的價值觀與需要，「需要」正在成為歷史與時間在書寫中的重要理由與事實。我們無法確認自己所看到的就是那些在時間中曾經存在的，也無法確認我們正在閱讀的就是真實的。我們真的可以相信，那些只由幾個人編撰的歷史就是一部真實的歷史？史家們對於歷史的看法就是歷史本身才應當有的聲音與形象嗎？

曾為中美關係鋪平道路的「中國通」亨利·基辛格（Henry Kissinger）認為，中國過去遭受的不公正對待決定了「中國如何參與世界事務、如何界定在其中所要扮演的角色」。對許多中國未來一代來說，「中國有時候不僅僅是一個值得發現的真相」。

近年間中國注意到西方漢學家們對中國的發現，以及他們對於陌生的中國歷史遠遠地圍觀，這些漢學家的世界觀正在影響着新一代青年對於自己祖國的認知。這些來自不同地點的年輕人自小學開始就在閱讀歷史。雖然他們同在一個國家，卻在一個個久遠的歷史細節中發現不同的視角。

年輕人閱讀西方人發現的中國歷史，而另外一代人，他們的父輩們，對中國有着豐富的了解，並佔據着大量重要資源的一代人，則守候在《百家講壇》或冗長的古裝「宮鬥」劇前，以了解兩千年來的中國宮廷鬥爭以及諸代望臣的命運。這種歷史認知斷層猶如對於「複雜中國」的重新定義，一代人有一代人對於歷史的看法。他們對於歷史的斷代與判別像黃土高原深處那些被埋藏萬年而形成的煤

層或者石油，你不知道它們哪一天會被發現，那裏在一千萬年前是大海，在五百萬年前則成了高原。

歷史是甚麼？

那麼，歷史是甚麼？它們開始成為困擾我的一個巨大難題。它們的背影顯得那樣模糊不清，每個人在時間中的記憶都帶着自己對於時間的看法，而那些時間對於我們則遙遠得如同命運。我們只看到了一個個結果，或者一個個由結果組成的「鐵口直斷」式的表達。這些就是我們要面對的歷史？

從軍 15 年後，2000 年，我離開西北，加入了香港某電視機構，某個特殊的機緣，我看到了宋美齡女士的圖像展。儘管已逾百歲的她當時仍在人世，但那些舊年代的細節，以及她與蔣介石的生活圖像，仍然讓我感到新鮮。我那時候已對文字所描述的世界開始了懷疑，真實的黑白圖像使我堅信，它在某些時間，遠比我所接觸到的教育更為可靠。無論你相信與否，她在美國國會擲地有聲的演講，以及演講時堅定的眼神，都會讓你印象深刻。宋的眼神改變了我的歷史態度，至少改變了我對於一部份用文字記載的歷史的態度。我要找到屬於自己研究歷史或者至少接近真實的舊時間的方式。

我開始有意識地尋找這百年間的圖像以加深我對於這百年來的重要歷史人物與歷史事件的了解。而我了解得越多，越發現歷史是如此的陌生與神秘，在一件基本的常識性的問題上，至少對於我來說，幾乎有兩種或者更多種不同的說法，歷史的寫作方式或者拍攝方式竟然因為國家的不同，或者寫作者身份的不同，會有如此大的差異。

記錄歷史的方式

　　人類一直在探求自己對於歷史與世界的表達與記錄方式，為此他們發明了語言與文字。1838 年，世界上出現了兩種特殊的文字：影像與聲音的記錄。1839年，法國人路易斯·達蓋爾（Louis Daguerre）發明了攝影，這個世界從此可以在銀鹽紙上展現，塞繆爾·摩斯（Samuel Morse）隨後則開始首次公開拍發電報。當遙遠的歐洲可以用電報與鐵路拉近時間距離的時候，遙遠的「天朝上國」則正處在一個用山水畫來描述的時代。19 世紀晚期，外國的傳教士隨着洋槍隊與冒險家們，來到中國傳播基督教福音時，他們用手中的攝影機為那個時期的中國留下了另一個「汗國」的影像檔案。西方人從電報與影像中，突然發現了一個陌生的國家：它有着廣袤的領土和漫長的邊疆，它的首都有着宏偉的宮殿和厚重的城牆；男人們頭上梳着奇怪的小辮子，穿着絲織的長袍；女人裹着小腳，走路卻健步如飛；清國的官員瘦小卻狡猾，頭頂着長翎紅頂的帽子；民眾勤勞卻窮苦，不愛講究衛生——這是個貧窮但卻不願意與海外那些尋求財富與瓷器、金銀的商人通商的封閉國家。

　　蘇格蘭攝影家約翰·湯姆森（John Thomson）是最早來遠東旅行，並用他古舊而時尚的攝影術記錄遠東各地人文風俗和自然景觀的人，這個冒險家曾在1867 年移居香港，開始他攝影生涯中至關重要的幾年。他的紀實主義風格為我們留下了北京的轎夫、孩童，甚至斬首的場景。

　　這段冒險讓他在 1881 年成為維多利亞女王御用攝影師。而這些無關政治的圖片，無意間在百年後成為我們回憶帝國的重要影像。緊隨其後的攝影師們用他們的鏡頭表達了對於中國的政治以及現實的記錄。比如，照片中的清朝官員都是端坐着的，即使合影，也是一群人木訥地看着 1900 年以前的鏡頭。在今天的攝影師們的鏡頭裏，我們還可以發現這些攝影規則：群像、端坐，目視着 2000 年的日本照相機鏡頭。事實上，鏡頭中的中國似乎從來沒有改變過，但確實有些東

西發生了改變。這些一百年間的景物，或者他們隨手拍下來的孤獨的風景，伴隨着相機快門的定格，約翰・湯姆森他們眼中的中國都市與破敗鄉村的狀貌，包括政治、經濟、文化到習俗的諸多信息，便不動聲色地留在了歷史的底片上。

在最近波瀾壯闊的百年間，東西方文明正以另一種語言來重新塑造世界。「19 世紀和 20 世紀早期的中國，也許長期以來都與西方通常敍述中的中國格格不入。」《紐約時報》（*New York Times*）的一篇文章稱，「在中國的『屈辱世紀』裏，最後一個封建王朝的緩慢崩塌顯得十分不可思議，簡直像是一個漫畫家編造出來的：一位志向遠大的文職人員沒有通過科舉考試，變得神志不清，以為自己是耶穌基督的弟弟，任務是把中國從清朝的統治下解救出來，他在 1850 年發起了太平天國運動，兩千萬人死於之後的社會動盪。英、法、德、奧、俄、美、意、日組成的八國聯軍輕鬆打敗了義和團成員以及加入他們的清朝士兵，西方人來中國宣傳基督教的和平和同情精神，他們也在鴉片貿易中輕鬆獲利，並為繼續獲利而發起了一場戰爭。」這場戰爭在侮辱了中國的同時，也促使了亞洲第一個共和國的出現。

百年以來，中國在邁向現代國家的路上披荊斬棘，多所反覆。我們是在向前進，但我們的方向在哪裏？

這是一部怎樣的歷史？

這套書寫的是 1900 年到 2000 年間的劇烈變動的中國。研究 100 年間的中國，不是懷舊，也不是算舊賬，而是想從中找到我們從哪裏來、到哪裏去、為甚麼來這兒的原因。這部普及式的常識讀物將只給大家提供一個可以選擇的向導。它不是司馬遷的《史記》，也不是史景遷（Jonathan Spence）的西洋鏡下的演繹。它在這個被互聯網製造出來的扁平時代，所發揮的作用也許只是給大家科普

一個維基百科式的百年常識或者一個國家的基本面目。

「對祖國歷史的領悟和學習，不能孤立與封閉自己，更不能視角單一。不僅要同世界歷史相關聯，更需要借用他國的眼光，來反觀自己的歷史。這樣在辨別那些大是大非或大真大偽的歷史問題時，才能更為客觀，結論也更能經得起時間的推敲。」歷史事件是無法重複的，只有彙集各種視角的資料，只有擁有各種類型的歷史證據，我們才有可能逼近歷史的真實。其實歷史的張力，就存在於這種視角的差異中，我們對這種差異了解得越充份，對自身的把握也就越清晰。

為保持這套書的基本真實以及可能的時間長度，也為了防止我自己對於歷史的偏見而影響這套書的「常識」「向導」價值，我們選擇了一個簡單的體例，即它由圖片與外國人以及中國人的發現共同組成：那些曾經被拍攝下來的 1900 年破敗的不收門票的故宮、孫中山先生的背影，或者毛澤東在天安門城樓的目光。我們試圖尋找另類表述，只是想區別於那些因「被需要」而寫成的歷史書。

這些歷史，可能只是那些大歷史中的小細節，但這些陌生的小細節構成了百年中國戲劇化的歷史。但百年後回看，它們如同遙遠的蟻群，在緩慢地行走，而我們正在試圖加入這個蟻群中。我們在歷史中是如此弱小，如此模糊不清，而正是這些模糊的背影在構成歷史。

中國人的悲喜命運，都在這部書中的影像以及文字中。它們在哪裏，我們的歷史就在哪裏。而這就是我們要撰寫的關於中國的百年變革史的意義。尤其在當下的「複雜中國」，此書猶如一本中國版的《光榮與夢想》（*The Glory and the Dream*），正在述說着我們尚未發現的中國的秘密。

目錄

覺醒的

1

這是一個全然嶄新的時代。20 世紀第一個十年間，中國送走了一個王朝的獨裁者、統治者，繼而輕輕打開了一扇相對開闊安定的大門。

就在大變革將臨、中國急於尋找其範本時，西方各國也主動地靠近，關切這種將臨的趨勢。趨勢預示着他們和中國的未來。

一切變化都在悄然中醞釀。西方媒體不只關注貿易額，還關注中國風口浪尖上人物的憂愁、動向和命運，以及新中國的未來。

1910

新時光

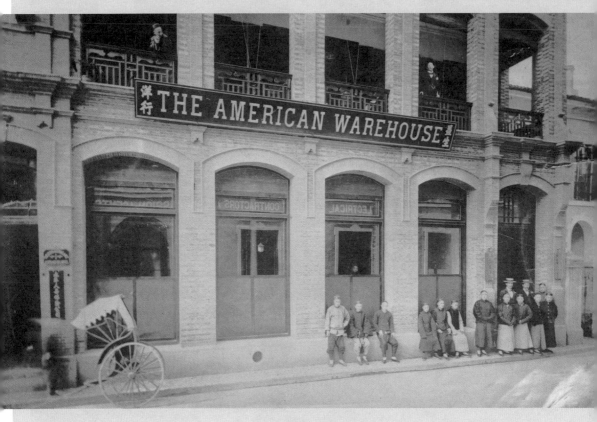

漢口的美國益生洋行

所謂洋行，即外商在中國從事貿易的代理行
號。早在 18 世紀 60 年代就興起了「散商貿
易」，隨之發展而來的是外商代理行號。鴉片
戰爭之後，中華大地門戶洞開，外國在華洋行
日益發展，如藤蔓爬行，最終扼住中國經濟的
咽喉。暴力掠奪是當時洋行發展的基本特點，
它們掠騙華工、販賣人口，從事以鴉片為主的
各種走私活動。「海盜護航」也是典型的暴力
掠奪活動，大行公然招徠、兼營「護航」業
務，逐漸滲入航運事業。

美利堅的貿易順差

1910 年初始，西方的觀察家們便再一次把目光投向光怪陸離的東方，看著它在經歷陣痛後，覺醒。

這一年的第一天，美國政治科學協會（American Political Science Association）召開會議，核心話題是遠東政局，會議宣讀了數篇論文，論述重點都是該地區之覺醒。

在威斯康辛大學的 Chang Lau-chi（音譯張洛志）看來，當時的中國已經湧現出了一大批報紙。這些報紙多由歸國學生編輯，倡導民主理念，大膽探討公眾議題，當時的審查制度對這些報紙束手無策。張先生說：「反鴉片運動的成功，很大部份原因在於這些媒體。在中國，幾乎所有主要城市和通商口岸都已經擁有了自己的報紙，它們時常翻譯刊登路透社的電訊和其他國外文章，因此世人開始了解到世界其他地區的時局。」

而與此呼應的是，國際社會對於這個從陣痛中漸漸醒來的國家開始變得平和、寬容。

1910 年 1 月 5 日，聖彼得堡便有消息稱，俄國外交部接到美國政府的最後通牒，提議將滿洲鐵路賣給中國，以此解決該地區爭端，而中國購買鐵路的費用將由多國予以支持。美國邀請俄方也參與此項向中國貸款的計劃。參與該計劃的各國將對鐵路的使用擁有監督權，整個計劃將完全建立在商業基礎之上，而不得用於政治或戰略之目的。

看上去，這是一個全然嶄新的時代。20 世紀第一個十年間，中國送走了一個王朝的獨裁者、統治者，繼而輕輕打開了一扇相對開闊安定的大門。

從國際關係的角度來看，這項關於滿洲鐵路的安排將帶來許多裨益。它可以解除俄日雙方長期以來的爭端，均等機會的原則將受到各國捍衛；此外，在關閉了運輸軍隊和軍火的邊界後，俄方對日本侵略西伯利亞的顧慮也將不復存在。美

國的最後通牒同時還提議美英之間結盟，雙方共同建造從錦州至璦琿的鐵路。

這一切，都如霍華德‧艾瑞斯（Howard Ayres）在《紐約時報》上所説的那樣。作為中日貿易有限公司和紐約棉紡織品出口協會的秘書，他將中國視為全球最大的市場，是有理可據的。那時候，美國與中國的出口貿易，有五項最大宗的交易，分別是煤油、棉布、煙草、麵粉和銅。他深諳湧動在這個巨大市場裏的商業利益。貿易就是一個巨大的操作盤，左右着西方各國對於中國的態度，曖昧、友好或者強硬。

與其説 1910 年是中國的覺醒新時光，不如説是各國洞察到這個「操作盤」的奧秘後的恍然大悟。

在霍華德‧艾瑞斯看來，與中國的棉布交易，引起了美國製造商和銷售商的廣泛興趣。而這貿易的繁榮，是通過多年來美國的不懈努力而達成的。在 1901 年時，棉布出口額達到了 1,500 萬美元。而在 1906 年，由於日俄戰爭的刺激，升至 3,500 萬美元。此後四年，由於美國出台《排華法案》（Chinese Exclusion Act），中國開始抵制美貨，市場開始經歷了巨大的波動，1907 年降至 2,800 萬美元，1908 年為 5,000 萬美元，至於 1909 年則為 1 億美元。這時候，對於 1910 年，還無法獲知具體數字，但可以相信，成功的一年已在眼前。

覺醒的另一重意義則在於人的甦醒。習慣了落伍與恥辱的大清國人，在 1910 年略為警醒了。3 月 22 日，美國報紙在採訪蔭昌的時候，這位朝廷大臣一定程度上透露出，有一些中國人開始意識到軍事力量是變革的關鍵。

這一年，蔭昌即將辭去駐德國大臣之職，回北京任職陸軍部尚書，從對他的採訪中可以看出，大清國正在加強自己微弱的軍事力量。

蔭昌説：「我打算在中國推行普遍兵役制。我們擁有四萬萬人口，假如能讓所有適齡男子入伍，那在人力上將勝過其他所有國家。具體的政策尚未制定，但我們的計劃是不僅在體力上操練年輕軍人，同時也要給他們良好的教育。他們必須明白，一個人口如此眾多的古國變得如此衰弱，是一件多麼恥辱的事情。陸軍

部人才濟濟，一些研究過歐洲軍事體系的助手將會過來協助我。」人口眾多的古
國要免於恥辱，毫無疑問，覺醒是出路。政治、軍事、人心，均應如此。

北京永定門

塵土飛揚，遠處的城樓隱在塵土中，若隱若現，如同
處在 1910 年十字路口的清國之命運。

載濤赴美考察團

攝政王載灃於光緒三十四年（1908）上奏請其弟載濤專司訓練皇家禁衛軍。初出茅廬的載濤（後座左）年紀輕輕，缺乏經驗，因此在宣統二年（1910）2月率陸軍考察團出訪日、美、英、法、德、意、奧、俄八國考察陸軍，5月派赴英國任專使大臣。年輕的載濤務實、謹慎，不願過於炫耀而貽人口實，削減了考察團的一半僕從，前駐奧地利大臣李經邁（中座側頭者）則作為首席隨從陪伴左右。5月1日，載濤一行抵達美國紐約，乘坐敞篷汽車參觀街容市貌。載濤身着藍色絲質長衫，頭戴黑色瓜皮帽，李經邁也是一派中式打扮，由舒勒上校（Walter S. Schuyler）全程陪同，車隊兩旁列隊的則是專司護衛的騎警。載濤在美國大開眼界，美軍的軍容、馬術表演和步槍射擊都給他留下了深刻的印象，他希望把西點軍校複製到中國。只可惜濤貝勒的學習心得在歸國之後還未來得及深入推廣，清政府就於1911年遭遇辛亥革命而垮台，這次考察也被埋入了歷史的塵埃之中。

清國重整海防

籌辦海軍事務處設立，載洵、薩鎮冰被任命為籌辦海
軍大臣，北洋水師與南洋水師、福建水師、廣東水師
合併為巡洋艦隊和巡江艦隊。而從日本訂購的 14 艘艦
艇也全數到華，構成了中國長江艦隊的主力。圖為巡
洋艦隊的海員。

北京城裏的辮子軍

清末的北京街頭，華洋雜居，那些希望革新的官員們
常常坐在舊式的轎子裏，讓他們已着新軍裝的士兵
們守護着，但這些士兵們身後那條長長的辮子則意味
着，這裏仍是清國。

福建省永春縣焚燒鴉片

20世紀初，鴉片幾乎充斥了中國社會的各個階層，通常用來舒緩神經或排遣無聊。它也被看作富人的「藥」，因為用鴉片「治療」非常昂貴，故象徵着權貴。隨着中國接連戰敗，輿論對鴉片的態度開始惡化。鴉片被視作軍隊戰鬥力低下的原因之一，是國家富強的絆腳石，它所費不貲，易吸食成癮，成為懶惰、放縱和沉溺的同義詞。結果，如照片中的人們一樣，公民通過焚燒鴉片的抗議方式來宣洩他們憤怒的民族主義情緒，表達他們富國強種的願望。

1910 年，上海鴻福茶樓前

這座城市剛遭受嚴重的水災。其時，另一場規模更大
的股災也在發生，它們作為帝國最後的記憶，留在了
上海人的內心深處：著名的「橡膠股災」徹底動搖了
清帝國的金融根基。這一波熊市來勢兇猛，朝廷甚至
出手救市，卻也無法力挽狂瀾，隨之而來的連鎖反應
耗盡了大清國最後一絲元氣。

孫中山上海晤革命黨人

1911 年，同盟會中部總會在上海成立，並計劃在長江流域各省組織起義。由孫中山帶來的風雷之聲，即將喚醒這片土地上的人們。

孫中山在芝加哥籌款

1910 年 1 月 18 日，孫中山在芝加哥籌款，並主持成立同盟會芝加哥分會。當時參加分會的僅台山籍華僑就有梅喬林、梅友伙、梅就、梅斌、譚贊、伍頌唐、梅光培、曹湯三、梅天守、李雄、梅賜璧、梅壽、梅冠豪、梅乃衡等數十人。梅喬林被推選為分會會長。

孫中山與孫科在檀香山合影

孫科（1891—1973），字建華，號哲生，是孫中山與原配盧慕貞婚後六年所生的唯一的兒子。孫科 5 歲時隨母親漂洋過海遷居檀香山，投奔孫中山的大哥孫眉，在這個遠離中華大地的地方，他在美式教育制度下順利完成學業，並在父親恢復中華的理想下，投身到反對清廷的鬥爭中。孫科是中國政壇上既特殊又複雜的人物，1910 年加入同盟會，歷任廣州市市長、南京政府行政院長和南京政府副主席等。孫中山去世後，孫科追隨蔣介石，堅持政治立場，是 43 名國民黨的頭等戰犯中的第 13 名。1949 年孫科辭職旅居香港，以及法國、美國等地，1965 年任台灣當局最高領導人辦公室高級諮議，1973 年病逝。

時年 27 歲的汪兆銘

這個以「精衛」作筆名、操着廣東方言的青年，於北京琉璃廠火神廟夾道開設「守真照相館」。在琉璃廠滿大街的古玩字畫中，照相館是個新事物，更醞釀着汪氏一行密謀的驚天大行動。自孫中山領導革命黨人發動的多次武裝起義均以失敗告終後，革命黨內濃厚的悲觀情緒在逐漸蔓延。急躁者如汪兆銘，轉而寄希望予簡便易行的暗殺行動，藉此重振士氣，喚醒民眾。汪兆銘將暗殺目標鎖定於攝政王載灃，認定一旦事成，必將舉世震動。他以飛蛾撲火的心態決計完成此次使命，不料卻一波三折，提前敗露了行蹤，招來牢獄之災。一首絕命詩「慷慨歌燕市，從容作楚囚。引刀成一快，不負少年頭」流傳至今。但命運弄人，如今其頭上戴的則是「大漢奸」的帽子。

清國向何處去

1910 年 1 月 30 日，各省國會請願團前往北京，提請速開國會，清廷傳諭，請願暫時無法接受。清廷表示待九年預備完全，國民教育普及，屆時將降旨定期召集議院。

20 世紀初這緩慢的預備，直到現在終於更進了一步。

2 月 20 日，美國報紙又以伍廷芳為例探討其所代表的中國人尋求「新中國」的心路歷程。那時候，出國訪問的伍廷芳剛離開柏林，造訪德累斯頓和維也納，此行是他經由歐洲重返北京的最後一站。

在西方的最後一段時光，這位老謀深算、滿腹經綸的伍先生，心中充滿着疑問，作為前駐美公使，他在憂心忡忡地思考着，美國、英國或德國是否代表着中國最值得仿效的文明。伍廷芳對西方記者承認，在美國的這八年，是他生命裏最快樂的年頭，在即將離美前夕，他也有機會與不少美國知名人士共談，不過他並不急於向中國引進美國文明。

《紐約時報》記者問伍廷芳，他是否打算在 1910 年春末回北京後，立刻坐上汽車前往外務部，他回答說：「可能不會。你知道，我們中國的外交家在向本國引入新的思想時，必須非常慎重。我們中國人不喜歡被迫接受最新潮的東西。汽車和其他西方文明的成就，肯定會逐漸在中國找到用武之地，但這不是一朝一夕之事。」

這位前駐美國公使告訴他在柏林的美國朋友，其中包括希爾大使和前副總統費爾班克斯（Charles Warren Fairbanks），在華盛頓任職期間，他花了不少時間去了解養生之道。他現在開始吃素，而且滴酒不沾，他堅信自己至少還可以活 75 年（此時伍廷芳已經 67 歲了）。

「我跟好幾個美國朋友說定了，要再回來看看，最晚的約會訂到了 1959 年。」伍說，「我是絕對不會爽約的。」

就在大變革將臨，中國急於尋找其範本時，西方各國也積極主動地靠近。

1910 年 2 月，英國詢問中國在西藏的計劃。當時，英國駐京代辦麥克斯·莫勒（W. G. Max-Müller）向中國外務部提出友好聲明，表示英國對川軍進藏一事表示關注，出於對其邊境局勢和平的顧慮，要求中國正式表明對西藏問題的政策與意圖。

據說，已經被革去名號的達賴喇嘛業已逃離西藏，當時就在喜馬拉雅山以東的不丹避難。

一切變化都在悄然醞釀。西方媒體關注着中國風口浪尖上人物的憂愁、動向和命運。

十三世達賴喇嘛土登嘉措

1910 年，印度加爾各答，圖中坐者為時年 34 歲的土登嘉措。因與駐藏大臣發生矛盾，遂逃亡印度，1911 年辛亥革命後才返回西藏重掌權力。

女性教育

中國因遭受日本的巨大打擊，開始強國復興，教育改革則是國家崛起的重要一步。20世紀初外部世界的影響也投射到中國孩子的身上。舊式的、以儒家經典的詮釋為基礎的三級科舉考試被廢除，年輕人從一朝中第則享受高官厚祿的幻影中走出來，從戰爭失利的陣痛中尋找自強不息的新道路。女孩子們也走出了「三綱五常」的舊傳統，穿着簡潔而得體，被釋放的雙腳踏着輕快的步伐走進了陌生的學堂。儘管新學學費昂貴，但它帶來的性別平等、豐富的科目和國際的視野，成為女性社會角色成長的一針催化劑。

北京基督教青年會圖書館裏一群正在看書的中國學生

傳教士們建立基督教青年會，給長期受到禁錮的中國青年提供了學習的機會，同時也為基督教的傳播營建了新的陣地。然而，基督教也和其他西方傳統一樣被人們以複雜的態度來對待。中西合璧是這個時代最大的特色，也是中國人對於西方文化的接受現狀。這些青年們也許外表是中式的，除了兩名學生戴着西式平帽，其他的孩子都穿着中式長衫，但他們的思想是西式的，在西式學堂的耳濡目染下，思維開始萌生變化。也許事實並非如此，他們有着西式學堂學員的身份，仍舊穿着的中式長衫，表明他們並沒有完全拋棄傳統，心理上還是中式的。

女子學校的學生上音樂課

這是較早一批接受西方樂理教育的中國人。
1860 年以後，西方傳教士開始大規模地來到
中國從事宣教工作。隨着傳教的深入開展，
一些教會學校應運而生。到 1900 年，在華幾
乎所有重要的傳教中心都開設了一所小學。
在當時，這些教會學校開設的課程，具有意
義重大的啟蒙作用。而西方傳教士開辦的女
子學校，在 19 世紀下半葉對當時中國社會
重男輕女的封建體制，是一個很大的衝擊與
挑戰。它突破了中國幾千年來的禁錮，開了
中國女子接受學校教育的先河。在教會女學
的衝擊下，國人也開始逐漸重視女子教育，
由國人開辦的女子學校在少數大城市相繼出
現。深受傳教士影響的梁啟超於 19 世紀末率
先在上海開辦了一家女子學校，這或許是中
國歷史上第一家由國人主辦的女學。

清宮裏的八旗女子被警告戒煙

這張照片深入地展示了滿族服飾的細節，蘊含着豐富的內容，但這個標題令人感到匪夷所思。婦女們華美的服飾艷驚四座。她們把脂粉厚厚地塗抹在臉上，足以與伊麗莎白時代英國的時尚相媲美，而脖子卻不加遮蓋，臉色顯得尤為不自然。還值得注意的是，右側窗戶裏的男子，靜靜地欣賞容貌姣好的滿族女子，他的身份就不得而知了。

棟樑們

風起雲湧的變化背後總有人做舵手。20 世紀初，大清國學生的留學潮一度成為西方媒體追逐的熱點。在這一關口，似乎更加關鍵。

1910 年 10 月，來自美國中國國際學會的李佳白博士（Gilbert Reid）在《紐約時報》傳遞了他作為美國人的驕傲：從西方文明教育體制中畢業的中國人回國後都身居要職。

這不無道理。

19 世紀 70 年代至 80 年代初，一批留學生代表從中國被送至美國，此番行動的倡導者是容閎。

1828 年，容閎出生於中國南方一個貧窮的農家。7 歲那年，其父託付一位英國傳教士照顧他。大概 12 年後，一位美國傳教士在歸國時，將容閎帶去了美國，並將他送入馬薩諸塞州的芒森學校（Monson Academy）。畢業後容閎入讀耶魯大學，在英語作文比賽中拿過兩次一等獎。而在他終於學成歸國後，他母親問他，他的文憑值多少錢。可以想像，當他告訴母親「此非可以得獎金者」時，這位老婦人該有多失望。

其後，容閎開始努力找工作。起初去香港高等審判廳做翻譯員，其後在上海海關翻譯處謀得一職，但很快就發現「海關中通事及其餘司一職者，幾無一不受賄賂」。而他「深惡其卑鄙，不屑與伍」。其後，容閎輾轉數職，一次，一家洋行請他去日本長崎擔任分公司買

容閎

辦，容閎婉辭，表示「買辦之俸雖優，然操業近卑鄙。予固美國領袖學校之畢業生，故予極重視母校，尊之敬之，不敢使予之所為於母校之名譽少有辱沒」。正是基於這樣的自尊心和絕不妥協的精神，容閎的事業之旅不斷遭遇挫敗。

他生命中最具戲劇性的事件，是前去由洪秀全等建立的太平天國考察。這次冒險經歷，將他個性中理想主義和夢想家的特質表露無遺。他認為如果太平軍願意建立一個現代化的政府，發起改革，重建中國，那麼他願意將賭注投在他們身上，替太平天國效力。但此行並沒有產生任何實質性的成果。

容閎的政治生涯真正的起步，始於他結識了曾國藩——這位曾影響中國數代人的權臣。容閎輕而易舉就說服曾國藩建立槍炮機器廠，設立兵工學校，隨後，他向清政府提交了教育改革的建議，當局因此決定設「幼童出洋肄業局」，遴選120 名學生出國接受教育。

1910年，容閎出版了《西學東漸記》（*My Life in China and America*），《紐約時報》在推介此書時，強調其中一個有趣之處：作者栩栩如生地描述了他與中國諸位名人之間的接觸。在他看來曾國藩是中國最偉大的人物之一，李鴻章和張之洞與其對比便相形見絀。李鴻章「為人感情用事，喜怒無常，行事好變遷，無一定宗旨。而生平大病，尤在好聞人之譽己」。至於張之洞，他評價說：「張之為人，目空一世，而又有慵惰不振之態。」大清國從不缺人才，缺的是求才的謙卑之心。除了仰望、低頭，還要聚首，自我思量。

容閎組織的幼童出洋團培養了大批的人才，其中最成功的一位，是唐紹儀，此外還有梁敦彥、鍾文耀以及梁誠，他們大多在外交部門工作，為中美友好作出了突出的貢獻。此外，留美幼童中也湧現出了詹天佑、羅國瑞這類鐵路專家，他們回國後也大都身居要職。

這些人物都來自廣東。事實上，當時前往美國留學的絕大部份學童都是廣東及周邊省份的人。而在此後又陸續有數批學童前往美國學習，他們則分佈在中國各個省份，這對於中國的發展則更加有益。李佳白博士觀察到，第一批學童都寄

居在美國最好的家庭中，而此後留洋的學生則跟其他大學生無異，住在學生宿舍裏，因此無法了解美國的家庭生活，這恐怕是此後留學生碰到的一大不利之處。

但不可否認的是，這些大清國的棟樑們之所以能成為棟樑，與他們在美國接受了西方文明的傳播教育有着很關鍵又很微妙的聯繫。他們畢業了，歸國了，為這個國家的變革帶來希望。

誰來領導新清國？

假如中國還能跟幾世紀前那樣保持閉關鎖國，那麼它將是一片樂土，而它的人民也將像幾千年前那樣繼續安居樂業。

但今時今日的中國已與黃金時代不同。它必須處理好國際事務，面對來自世界各大強國的各色人等。基於這個原因，強而有力的領袖對中國而言是必需的。

覺醒的中國有強勢的領袖嗎？

這是西方觀察家在中國多年，剖析在皇室被迫讓權後，對古老的東方將由誰來領導所發出的疑問。

《紐約時報》等媒體宣稱，現在的中國沒有真正的領袖，正在迅速走上分崩離析之路。那些過去的領導人，要麼已經離世，要麼被迫去職。

李佳白博士曾經提到，一位著名的美國資本家對他說：「處於這種情勢之下的國家，還有甚麼希望可言？」他是透過一層有色玻璃在看中國，無法洞悉中國的一線生機。

而在這個洞悉中國所醞釀的緩慢變革的美國學者看來，中國與其他任何國家都不同，他肯定地說，雖然中國現在沒有領袖，但中國人仍然能設法應對國內事務，唯一的問題是外務問題。

人們看到，當慈禧太后在世時，中國擁有一位領導者，儘管也是獨裁者。

雖然她只是一介婦人，卻贏得了不少人的擁護。在她去世後，如果説中國還有領袖，那就是攝政王載灃。載灃為人公正廉潔，因此在他上位後，宮廷的氣氛純潔了很多。載灃本人在處理洋務問題上並非全無經驗，義和團起義後，他即作為頭等專使大臣前往德國，為公使克林德（Clemens von Ketteler）被殺事件專行致歉。此次訪歐，他不僅有機會見識美麗的風景，結識歐洲各國的達官貴人，也親自面對不少關於中國、歐洲、美國和亞洲方面的國際問題。現在所有詔令都要由他簽發，所有人都需要等待他的最終決定。這是個艱巨的任務，他也必須尋找可以信任的強人。

其中一個備選的人物是那桐。他既是內閣學士，也是皇族內閣的成員之一，此外他還是外務部會辦大臣。在這個職位上，他必須了解一切內務和外務問題，並給出具體的決策。在中央政府內部，他被認為是強人之一。

不過他的經歷並不像張之洞那般顯赫，事實上，他的能力只在最後幾年才得到了證明。1900 年，他進入總理衙門，八國聯軍攻陷北京後，任職留京辦事大臣，負責跟聯軍議和。輿論普遍認為他對外國人持同情態度。他與國外使節們相處甚歡，表現了他隨和的天性。此後他得到提拔，首先作為專職大使被派往日本，為日本使館書記官杉山彬被殺一事道歉。此行充份展示出了那桐的熱忱。他與日本人相處融洽，至少沒有像同僚袁世凱那樣，受到日本人的公開斥責，因此後來有人説他是親日派。

那桐在處理洋務問題方面素有威望。因為天生好脾氣，他交了不少朋友。他對憲政的理解也超越了許多同僚。問題是他身兼數職，實在是太忙碌了。

除了這位滿族領導人，西方專家與觀察家們還看到一位漢族官僚，他的名字頻頻出現在自北京發來的電報上，他叫徐世昌。李佳白博士因為和他私下相識，一直非常確信他有領袖才能。他雖未到中年，但地位超凡。他通過了中國傳統的科舉考試，先中舉人再中進士。跟那桐一樣，他也為人親切，性格和善。

徐世昌、唐紹儀曾先後任郵傳部尚書，這項工作與國家的現代工業發展密

切相關，鐵路、輪船、電報皆由該部管理。郵傳部當時面臨的最大難題是，英、法、德、美四國提出要向中國借貸以修建鐵路，而徐世昌能夠靈巧地遊走於鋼絲繩上，一面處理與外國列強之間的關係，一面又能平息鐵路途經各省官員和民眾的輿情。他既沒有明確表示這樣的借貸計劃不可能實現，同時又避免公開表示對列強的支持，他盡量要求各省自籌資金修鐵路，以避免引進外資。

在展開東三省鐵路主權之爭的同時，徐世昌還靜悄悄地與倫敦的獨立銀行展開談判，借資以重新贖回京漢鐵路主權，這條鐵路當年是靠比利時和法國的投資建成的。此番談判最終取得了成功。

徐世昌的能力在他擔任東三省總督時開始展露。當時他必須要同時跟俄國人和日本人打交道，在這方面他表現出了強大的技巧，既能滿足各方面的要求，又不至於激怒任何一方。他的目標是通過中國人之手，開發東北的豐富資源，於是他不斷鼓勵內陸各省人移居東三省。他將瀋陽開發成

清攝政王載灃

清朝末代宣統帝登基時僅 3 歲，三年之後清朝走向覆滅。在清朝的最後三年（1909—1911）中，光緒帝胞弟、末代皇帝溥儀生父載灃（1883—1951）是中國的實際統治者，代表溥儀行使權力，他的抉擇影響頗大。光緒皇帝駕崩不足 50 日，攝政王載灃發佈諭旨，罷免了袁世凱，從而埋下了袁叛變的種子。辛亥革命爆發後，載灃選擇了代表清廷遜位，和平交出政權，結束了他備受煎熬，同時也一事無成的三年。清朝 200 多年的命運以攝政王多爾袞開基定都到攝政王載灃代表遜位而結束，冥冥之中似有天數。

一座更加現代化的城市。在為人處事上，他表現得更像是西方官員，而非舊時代的清朝官員。

除此之外，還有一位漢族官員，從 19 世紀最後 30 年以來一直為歐洲人所熟知，他經歷宦海沉浮，並在北京身居要職——他叫盛宣懷。

當李鴻章走向權力巔峰時，作為李鴻章重要的門生之一，盛宣懷起先成為煙台港的海關道台，隨後任天津港道台。之後他陸續任中國輪船公司和中國電報公司督辦。在這兩家公司他都擁有很大的股份。

他親近西方思想，在天津協助建起了一座大學（即今天的天津大學），後來用上述兩家公司的資金，在上海修建了另一所大學（南洋公學，為今日上海交通大學前身）。這兩所學校都由美國人全權管理。對於教育改革，盛宣懷充滿激情，鼓勵所有人都接受西式教育。

盛宣懷還掌管着中國所有的鐵路建設：先利用比利時的投資建成京漢鐵路，再通過美國人建成粵漢鐵路。他還與一家英國公司達成初步協議，修建滬寧鐵路。除了建鐵路，他本人還開發了很多礦產資源，他在湖南省有自己的煤礦，在湖北省有自己的鐵礦。

盛宣懷曾被視為北京城外最強勢的人物，他既懂得掙錢，又知道該如何花錢，他是個天生的外交家，眼神犀利，態度隨和，不畏懼和任何人談判。

一代王朝的背影就是領袖的逝去。然而，1910 年的大門洞開，覺醒、鼓噪、崛起，之後沉寂。一切都是即將爆發前的伏筆，悄然無聲中醞釀的變革正離夕照的大清國越來越近。

盛宣懷

盛宣懷（1844—1916）的發跡，講述的
是獨一無二的中國式奇蹟。只有在中國從
近代向現代轉變過程的陣痛中，才可以孕
育出一個四次科舉不中卻能由幕僚文書而
始，青雲直上，權傾朝野，富可敵國的盛
宣懷。在他的一生中，有太多「第一」鑄
就的標籤——中國輪船招商局第一任督
辦，中國近代機器採礦業的創始人，他成
立中國第一家鋼鐵煤炭聯合企業，承擔起
修建中國第一條鐵路幹線等。盛宣懷本人
不信洋教，不用西醫，不講洋文，凡遇外
事活動，必定使用翻譯；雖然他精通洋
務、擅長與洋商討價還價、會吃西餐，並
不遺餘力地推廣各類「夷技」，但本人卻
終究沒有「現代化」。在生命的最後時日，
年過七旬的盛宣懷留給人們的，是一張穿
着布衣、胸前掛着佛珠的居士裝束。他已
老病有時，兩腮凹癟，髮辮枯白，嘴唇閉
得很緊，目光流露出憂忡，難以讓人聯想
起那個放言「試問天下有十個盛杏蓀，實
業便有數十件」的東方冒險家。

漢中地區的清軍操練照片

清軍其時已配速射槍，但訓練卻仍在按舊時制度進行。士兵們用槍如刀般操練，
而似乎忘記了槍真正的功能是甚麼。照片由意大利神父南懷謙（Leone Nani）於
1910 年拍攝。

北洋機器局

又名天津機器製造局，簡稱「天津機器局」，是官辦軍用企業。清同治六年（1867）由三口通商大臣崇厚創設於天津。初名「軍火機器總局」，開辦經費 20 餘萬兩，規模僅次於江南製造局。同治九年（1870）由直隸總督李鴻章接辦，易名「天津機器製造局」。這家於 1924 年停辦的機器製造局曾是北洋軍現代化武器的重要生產地。

北京，雍和宮

每年農曆的正月底，內都會人頭攢動，爭睹「打鬼」的場面。「打鬼」的正式名稱為「金剛驅魔神舞」，藏語稱「羌姆」，蒙古語稱「布扎克」，是黃教特有的宗教樂舞。這是一種極為隆重的宗教大典，乾隆年間傳入北京，舊時主要在雍和宮、黑寺和弘仁寺舉行。照片中圍觀的人既有滿族也有漢族，有成人也有兒童，個個翹首以待，可見當時之盛況。

古老的習俗——纏足

一位母親將她的手放在女兒的腳上，用寬布條裹住女兒的腳掌，使腳停止生長，直到 20 世紀初，很多女孩子必須忍受腳趾被壓斷並深深陷進腳掌的痛苦，才能獲得「三寸金蓮」，以符合社會的審美觀點。這個過程極其漫長，給中國女性留下了終身的殘疾，走路這一基本的行為也成為束縛。儘管如此，這個將女人局限於家庭的傳統仍舊非常流行，因為它象徵着女性的貞潔。纏足在民國建立後被宣佈廢除，國家試圖廢棄一切阻礙其經濟增長和發展的封建傳統。外國傳教士和中國民族主義革命者視纏足為野蠻落後而浪費資源的行為，因此組織起全國的反纏足社會團體以廢除纏足。政府最終在 1911 年禁止纏足，但在偏遠的農村地區，纏足還殘存了一段時間。這張攝於 1910 年的照片似乎可以理解為這位接受新思維的母親實際上是在給女兒的腳鬆綁。她的臉上充滿笑容，女兒則是偏頭不看，她的雙足雖得到了釋放，但足弓的畸變和烙刻在心頭的陣陣痛楚，也許只能伴着她逐漸長大才能慢慢淡去。

清末的兒童

照片中的這些小孩們整天在野地裏撿果子到本地市場上去賣，身體被背負的重量壓彎了。在 20 世紀初的中國，農村孩子通常和家人一起參與日常的勞動，而不是上學。因為入不敷出，很多家庭都會依靠童工——尤其是寶貴的男性勞力——來生產更多的農作物。然而，隨着勞動力的增加而來的是對食物需求的增加。事實上，中國人都把家裏的人口描述成「嗷嗷待哺」，這句話並不是強調家庭成員的身份或社會地位，而是更側重於家庭的食物供給。特別對於收入不穩定的家庭而言，是否生養更多的孩子常讓人進退兩難。

1910 年的北京驛道

兩個牽着小馬馱運行李的孩子臉上帶着笑容，他們還留着清國的辮子。

乞討者

1910年左右的中國，正處於從帝國政權向共和時代過渡的驚濤駭浪之中。這個時代的人們，也在動盪中被置於希望的谷底。婦女的傳統觀念是待在家裏而不是像男人一樣去社會上交際，但政府的更迭迫使許多婦女第一次走出家庭，面對社會，尋找出路。照片中就是當時眾多打破傳統性別觀念，外出和男人一樣工作的婦女的例子。在農村地區，戰爭和饑荒不斷，大量人口如潮水一般湧向城市，而許多進入城市的婦女不得不學習怎樣工作過活。但長期的家庭生活使她們在面對社會時手足無措，毫無辦法。她們的選擇又是那麼有限，要麼只能遵守傳統的性別觀念留在家裏忍飢挨餓，要麼就是出去工作——大多數就是乞討，強忍着恥辱苟且地活着。

北京城傳統的剃頭者

他們在清國時的手藝是會編一條油亮的辮子，然後把頭皮刮亮。他們的工作場所大部份是在馬路邊或者集會的地方。

杭州的算命先生

其年紀和穿衣打扮足以證明他在同行中的資格和地位。可是這樣傳統的人物形象在 20 世紀初的中國已經非常罕見，那時的中國正面臨着來自西方世界的現代化壓力，傳統習俗為了適應全球化和西方思想的傳播被迫讓步，屈居一角。這個過程在沿海地區尤為激烈，因為沿海地區易接近，加上眾多的商貿機會，令人們的神經復甦，人們變得更加開放而理性。在拍攝這張照片的年代，對實證和唯物主義的追求呈現出一派繁榮的景象，古老的中國哲學顯得老派而守舊。當曾經在中國流行的關於鬼神的一切，慢慢隱匿在偏遠的內陸地區時，像算命先生這樣的行當在中國東部就更加過時了。

地處內陸的織呢前廠

1910 年 2 月 18 日，英國記者莫理循（George Ernest
Morrison）來到了地處西北的甘肅蘭州市東的皋蘭
縣，他在這裏發現了這座織呢前廠。現代的紡織術已
深入邊遠之地，莫氏站在這個似乎象徵着現代化的廠
牌下與穿着馬褂的工廠主合影。

上海徐家匯的修女與女學生

語言障礙是基督教傳教士在中國傳佈福音遇到的第一
道障礙。清末，中國教民數量的增加使得這一障礙逐
漸減弱。離家進修會的修女，從事着祈禱和協助神甫
傳教的工作。在中國，修女有時也被稱為「姆姆」，
實則是由英語系基督教國家尊稱老年修女為 "mama"
的音譯而來。基督教認為教徒之間是親人，進入教會
學校的孩子大多出身貧寒或者是孤兒，姆姆既是長
輩，也是老師，在他們心中有無上崇高的地位。他們
向姆姆傾訴心聲，獲得啟迪，再由姆姆帶領他們進入
神聖的世界。

1910 年中文版《新約》抵達重慶

信仰的傳播隨着河水的流淌，慢慢滲入了中國內陸。
大批量的中文《新約》在碼頭卸下，令傳教士活動受
阻的語言障礙得以突破。

清國神職人員

歷經幾十年傳教士的各種演化，大清國的神職人員已初具規模，並在廟堂與民眾中得到了廣泛的認同。

外國傳教士準備乘火車回國度假

1910年的河南開封火車站，車窗外是一眾教徒。教會的力量已遍及這個國家的每個角落。傳教士們帶來的不但是上帝，同時也帶給這些正在開蒙的民眾以未來的現代生活。

華北協和學院
中外人士合影

協和學院在當時的華北
地區聲名較大。

北京倫敦傳道會醫院的病人

19 世紀末到 20 世紀初，傳教士醫生不只在中國的基督教傳教事業中扮演
着重要的角色，也是將現代西方醫學介紹到中國的先驅。19 世紀以來，
基督教醫療傳教士在中國留下了為數不少的醫學遺產，在城市中設立醫
院，到鄉下行醫施藥，並且在此過程中治療了數目可觀的中國人。西方醫
學帶來的神奇效用在他們行將入土的軀體上發揮了妙手回春的作用，在解
除肉體痛苦的同時，心靈也隨之發生了轉向。

天津倫敦傳道會診所內景

診所的擺置方式還像中式的藥舖櫃枱，不過櫃上不再
是放滿中草藥的小格抽屜，而是整齊地放着的瓶瓶罐
罐。傳教士培養的中國助手，後來多獨立開業，成為
最早從事現代西方醫療工作的中國人。

II

再聰明的西方觀察家也不會想到，1911 年的 10 月 9 日傍晚，
漢口俄國租界內一座舊大樓裏，聚集了一群不那麼平常的
人——他們注定掀起一場不那麼平常的風暴。
他們想到了風暴即將來臨，但想不到來得這麼快。
漲水中的長江靜靜流淌，風口浪尖的大清國卻不再平靜。

1911
激流

1911 年的武漢

鋼鐵廠的大型煙囪噴着濃重的嗆人煙味，恍如現代之
城。這座零散的城市由武昌、漢口和漢陽三鎮組成。
清國的改革者湖廣總督張之洞從 1890 年起，在此興辦
湖北紡紗局、織布局、繅絲局、鋼藥廠、槍炮廠。現
代化外衣之下，華洋雜居，租界林立。被煙籠罩住的
這座城市，似乎很快將在一聲槍響中醒來。

孫中山辦「革命公司」開賣「革命股票」

1911 年的中國，一開始就是伏筆和激流。

1 月 2 日，一位在華讀者寫信給《紐約時報》編輯：

> 1911 年，一言難盡。此刻，在中國的部份地區，孩子們正在被父母販賣，這些買賣所涉及人口超過 100 萬。鐵道邊滿是飢餓的人群和屍體。

2 月 10 日，「壓力」成為西方媒體上有關中國報導的關鍵詞。西北的學生屍體被用來威脅政府，湖北男人也用自殺來求得政府讓步。這樣全國性的騷動與混亂，有壓力，有憤懣，有要挾，也有抗爭的激流。

3 月 2 日，一艘名為「解救之船」的船隻裝滿食物從美國西雅圖駛向中國。瘟疫與饑荒的苦難在擴散。甚至有飢餓難耐的父母賣掉自己的孩子去買饅頭吃。在美國報紙的記錄中，「現場非常糟糕，民憤在激蕩，飢餓在蔓延。中國很難撐下去，需要美國的全力幫助」。

《紐約時報》接連的報導，記錄下這慘痛的序幕，拉開了大清國最後一年的苦情戲。

初春，中國最早開放的商業港口上海，以其繁華和奢靡展現在《紐約先驅論壇報》（*New York Herald Tribune*）記者端納（William Henry Donald）的眼前。在他的回憶裏，喧鬧的黃浦江徐徐東流，江面上帆影點點，彷彿它們是從夢裏開來的。南京路就像一把刀子，從黃浦江畔的外灘直插至上海喧鬧的商業中心。靜安寺路則像一條小溪，靜靜地流過跑馬場，流過高牆和鐵門圍着的公館，並消失在鄉下。在這些美景的背後，更重要的是，他遇見了上海的革命黨人伍廷芳。

從此，他的命運和這場革命運動就連接在一起了。

這個八年前隻身從澳洲來到香港的冒險家，一度作為悉尼《每日電訊報》

（*The Daily Telegraph*）的記者探索過遠東的奧秘。他早已預感到革命的到來，自願來到風暴的中心。那時候大清國已然搖搖欲墜。端納敏感地體驗到這種危險的前兆。他曾經在廣州採訪當時的兩廣總督張人駿，還成為其名譽顧問。他也通過莫理循的介紹認識了宋氏三姐妹的父親宋嘉澍。

革命一觸即發。不只是端納，還有莫理循，西方觀察家們饒有興趣地分析着大清國國內革命的伏筆激流與暗潮湧動，但似乎沒有人能説出爆發的準確時間。

到了 5 月，美國媒體一如尋常地報導在美華人的動向。信息淹沒在信息洪流裏，以至於沒有太多人特別關注到美國報紙上的一則短訊：孫中山在美國芝加哥出席同盟會芝加哥分會集會時，宣佈成立「革命公司」，並動員當地華僑購買該「公司」的股票，以籌款支持國內革命活動。孫中山許諾，股金本息，革命成功後加倍償還。

與此同時，引發更大震動的是拉美排華案。

1911 年 5 月 13 日，弗蘭西斯科‧馬德羅（Franciso Madero）領導着墨西哥反政府武裝向墨西哥北部城市托雷翁（Torreón）發動攻擊。作為具有戰略意義的鐵路交通樞紐，托雷翁城被馬德羅軍佔領。這是其為了佔領整個墨西哥北部

1911 年 7 月 4 日，紐約

旅美華人在美國獨立日遊行慶典上高舉龍旗。

地區的關鍵一步。

效忠總統的聯邦政府軍在兩天之後放棄抵抗，撤出托雷翁城，馬德羅的軍隊隨之開了進來。隨着叛軍進城的是一群暴民，他們像蝗蟲一樣突然出現在托雷翁城內的繁華商業區，大肆屠殺和洗劫那裏的中國商戶。在短短十多個小時內，300多名華人被當場殺死，造成震驚世界的流血慘案。

然而，美洲各國的排華熱潮早已不是一次兩次的偶然事件。伍廷芳一度往返於墨西哥、秘魯、古巴等國進行反覆的會商談判，試圖改善這種不利氛圍。於是清政府命程璧光為特使，率領正在英國停留的海圻號巡洋艦前往美國，轉道墨西哥等拉美國家訪問「護商」，通過軍艦到港的形式展示武力，塑造大清國的威猛形象。

早在 1911 年 4 月 24 日，在其他中國軍艦的禮炮致敬聲中，盛裝的海圻艦便已經從上海楊樹浦軍港起錨遠行。7月底，海圻艦則從英國樸次茅斯軍港再次出發，開始橫跨大西洋的航行，並於 8 月 10 日在民眾的注視下抵達美國紐約港，成為第一艘完成橫渡大西洋航行的中國軍艦。

此時的 1911 年，有航行，有伏筆，有激流，也有一聲長長的嘆息。

即將抵達美國紐約訪問的大清巡洋艦海圻號

這艘戰艦在中國海軍史上充滿傳奇色彩：它是中國第一艘曾經訪問英國、美國、墨西哥、古巴等國的大型軍艦；是清政府海軍中唯一一艘全艦官兵都剪掉辮子的軍艦。該艦環球航行期間正值辛亥革命爆發，統領程璧光率全體官兵起義，出訪時還懸掛着大清黃色青龍旗，歸國時則改掛中華民國五色旗。而這艘戰艦的結局則伴隨着國家的國運：1937 年 9 月 25 日自沉於長江江陰段，塞航道以阻日艦。

II 激流

程璧光同紐約市市長檢閱海軍

海圻號裝甲巡洋艦泊靠紐約期間，程璧光陪同紐約市
長威廉・蓋納（William Jay Gaynor）及海軍部長檢閱
海軍。官兵們剪掉辮子昂首列隊。一向積弱之清軍，
在程的海軍中，面目一新。

向紐約格蘭特墓敬獻花圈

1911 年 8 月 10 日，巡洋艦隊統領程璧光率大清巡洋艦隊之旗艦海圻號約 445 名官兵，抵達美國紐約。甲午一役之敗，在清朝剛剛起航的海軍夢裏，劈下了一記驚雷。清朝統治者急欲整飭海防，重建海軍，海圻艦就是從英國購買而來的最大籌碼。海圻艦上承載着清朝曾經的海防舊夢，於清宣統三年三月二十三日（1911 年 4 月 24 日），在汽笛長鳴中劈波斬浪，開始了近代中國海軍首次環球航行的藍色征程。在榮歸海圻艦「故里」英國之後，它代表首次橫跨大西洋的中國軍艦，穿越 4,000 海里浩浩大洋，抵達紐約。紐約市民好奇地打量着這艘由傳說中的國家派來的軍艦。已故美國總統格蘭特（Ulysses S. Grant）之子、駐紐約區陸軍最高司令官小格蘭特將軍（Frederick Dent Grant）熱情接見了程璧光統領一行，並派夫人陪同海圻艦官兵拜謁了格蘭特總統墓堂，參觀了格蘭特紀念館。這支海軍儀仗隊在格蘭特的墓地前敬獻了花圈。逝者已無聲無息。這位南北戰爭時期出身名將的格蘭特總統，與中國洋務運動的創始人之一李鴻章私交甚好。

海圻艦接受閱兵的清海軍

受閱的海軍兵士們面目嚴肅，肩扛步槍，腰間繫一條搭鈎軍帶，軍帽上清晰地印着「大清海圻艦」字樣。當天的《紐約時報》上稱這批士兵軍紀嚴明，現代化之威已立。這艘清國第一艦與它的海軍兵士們此行還有一個重要的使命——宣慰美洲僑胞。而這也成就了中國第一艘遠赴萬里之外護僑的軍艦的傳奇。

海圻艦受命赴英慶賀英王加冕之際，適值墨西哥發生反華排華暴亂，清政府駐墨使館代辦沈艾孫急電國內派艦護僑。清政府於是令海圻艦於英國外交使命結束後，順訪美國、古巴、墨西哥，以宣慰僑胞。

程璧光

他歷任兵艦管帶、船政司司長、巡洋艦隊統領等職。北洋政府時期，程璧光一度任海軍總長。1917年，孫中山鼓勵程璧光與北洋政府脫離關係。7月21日，程璧光率部份艦隻舉義南抵廣州，並於次日發表海軍護法宣言，史稱護法艦隊。9月10日，軍政府成立，孫中山被選為大元帥，程璧光任海軍總長。1918年2月26日，程璧光在廣州遇刺身亡。

海圻艦官兵合影

1911 年 9 月初，海圻艦離開哈瓦那，順訪位於大西洋中的英屬百慕達群島首府哈密爾頓。三日後，解纜續航，經過 13 天的連續航行，返抵英格蘭西北岸的巴羅因弗內斯港。時值 9 月下旬，國內以推翻清朝封建統治為主旨的民族主義革命風起雲湧，燎原全國。經過與駐英大使劉玉麟一番緊急磋商，程璧光同意領導全艦官兵加入革命陣營。程集合全體官兵，說道：「你們任何人如欲回國參加革命工作，請站到右舷，不贊成的站到左舷。待我數完『一、二、三』，就請各位按自己的意願，決定行動。」只見列隊甲板左舷的官兵全部移至右舷，就連紐約造船廠老闆羅伊澤所贈的一隻波斯貓也不例外。一時間，全艦掌聲雷動。1912 年 1 月 1 日（是為中華民國元年元旦），海圻艦在巴羅港舉行了隆重的易幟儀式。全艦官兵軍容嚴整，列隊於甲板；由 40 名海軍組成的儀仗隊持槍站在最前列；雄壯的軍樂聲中，隨着程璧光一聲「換旗」令下，管帶湯廷光將一面新製的紅黃藍白黑五色旗雙手捧給值更官，值更官在兩名持槍護旗兵的護衛下，驅步艦尾旗杆下，首先降下黃色青龍旗，然後升起紅黃藍白黑五色旗。圖片為易幟後的程與官兵們合影。

艦首鑲龍的清國海軍軍艦

下水儀式上的海圻艦，可以看到船首鑲有龍的標誌。
海圻艦於 1895 年向英國訂購，1898 年服役。

在紐約建造中的飛鴻艦

原本清政府只向英國訂造了兩艘軍艦，後因與美國軍事結盟，亦向
美國加造一艘以示利益溝通。飛鴻艦長 322 尺、寬 39 尺、吃水 14
尺、排水量 2,115 噸、載煤量 550 噸、載淡水量 255 噸，軍艦動力
為 6 座鍋爐、3 座特爾本式蒸汽機，功率 6,000 馬力、航速 20 節、
編制 230 人。它靜靜地停泊在美國紐約海軍造船廠，等待未來主人
的探望。離開紐約前，程璧光如期參觀了在製造中的飛鴻艦，造船
廠廠長羅伊澤贈送了一隻海軍寵物給程璧光，作為軍人間的最佳禮
物，只可惜這隻集萬千寵愛於一身的雪白波斯貓沒有在攝影師的鏡
頭中出現。而三年之後的交付之日，飛鴻艦也因民國政府的財政空
虛，轉嫁希臘。

革命是如何策動的

剛剛登基不久的 6 歲皇帝溥儀，一度作為「嬰兒（寶貝）帝王」而被西方媒體津津樂道。殊不知，這個孩子看守的王朝就要終結。

1911 年 10 月 10 日，武昌起義爆發。

然而，這一個短短句子背後的內幕卻不是每一個人都知道的，更不是每一個西方人可以真正了解的。英國人阿克博算是個例外。他是計約翰（John Archibald）於 1904 年在漢口創刊的《華中郵報》的記者。這名蘇格蘭聖經會傳教士足跡遍及湖南、湖北、安徽、河南、江蘇等省份，並深入社會底層。他在目睹了 20 世紀初中國內陸地區日漸低迷的傳教熱情和日益高漲的民怨、日漸尖銳的社會矛盾和緩緩醞釀的激流之後，辭去教職，開始走上了辦報之路。

革命伊始，阿克博就借地利之便採訪到了事件當事人，寫下了《革命是如何策動的》長文，為我們留下了珍貴的資料。

那時候，人們只知道革命的熱情被點燃了，起義爆發了，革命蔓延了，風暴開始了，但是這其中的內幕，從沒有人談起。因為當時參加醞釀工作的人，都是在地下秘密進行，局外人根本無從知道。

我們知道，是時任黎元洪軍務部長的孫武，在俄國租界配製炸彈時不慎引爆，從而迫使革命黨人提前起義。因為他的臉上尚有被炸傷的疤痕，且受傷較重，故他被朋友救出來後一直隱匿行蹤，直到養好傷才重新參加革命工作。故而阿克博只找到了另一位當事人劉公——發佈信號的人，也是策動革命的親歷者——以他為線索來梳理在伏筆與激流之後的革命行動鏈。在這種視角和敘述方式下，革命前因後果變得如同小說一樣蕩氣迴腸。

阿克博寫道：「有多少人知道，現任武昌中華民國總監察長的劉公，就是 10 月 10 日發出革命信號的人呢？誰又知道原計劃負責投擲炸彈使革命爆發的人是個女子，即劉公的妻子呢？」

劉公穿西裝，戴金絲眼鏡，有小鬍子但沒有辮子。他很年輕，30歲左右，目光銳利，看起來「似乎比黎元洪更激進」。劉公出生於湖北襄陽的世家，要不是早年去了日本留學，他可能也就是做個舊式的官僚或者學者。然而，到辛亥年（1911）他其實已經參加革命十年了，親友給他捐道台的錢也早被他用於革命。

他們本來準備12月開始革命，八個省同時進行。然而，起義最終不得不提前。劉公的妻子李淑卿是一位熱忱的革命家，當時她正好要去上海組織一支女兵隊伍。她裝扮為做小生意的婦人，伺機向總督投擲炸彈，正式點亮革命的信號。

孫武和劉公都是製造炸彈的內行能手。10月9日晚上，漢口的俄國租界中，孫武在製造一個炸彈的時候，不小心將其引爆。這使得還未準備好的革命黨人自己提前把計劃暴露了。那時候，俄國巡捕循聲而來，抄去了很多東西，其中有製造炸彈的東西、擬好的宣言和給外國領事館的私信、照會，一份革命黨人的名單和一大批識別符號。

劉公說：「如果我們不立刻起事，我們全體都會立刻遭到毀滅。」

革命預定在次日晚上10時開始，也是處決他兄弟的時刻。不過工兵和地雷隊的士兵，沒

李淑卿

李淑卿（1892—1951）在嫁給劉公以後改名劉一。她是第一位參加辛亥革命的女性，是中華民國史上有據可查的第一位女性官員。關於劉一在辛亥革命時期的表現，劉公曾向英國記者埃德溫·丁格爾（Edwin J. Dingle）介紹說：「我的妻子是一個狂熱的革命者，她在上海組織了一個女兵團，並假扮成一個貧苦的女販，向總督投擲炸彈。」劉一在劉公去世後深居簡出，1951年的除夕之夜，已經在土改運動中被定為「地主婆」的劉一，於睡夢之中離開人世。家人用幾塊門板拼裝成棺材，把劉一的屍體草草安葬。

有等到指定時間，在 7 時半就發起了行動。他們接着急忙派人去守住各城門。

　　而炮兵就駐紮在城口，他們一聽見槍聲，就知道已經起事了，於是很快就開進去，佔領了楚望台（當時的軍火庫）、黃鶴樓和蛇山。炮兵本來是準備炮轟總督衙門的，但當他們到達衙門時，發現總督早在後院的牆上挖洞跑掉了。

　　不管怎麼樣，革命的信號燈已經點燃了、點亮了。在阿克博看來，説到革命前景，那時候的劉公對於和談並無太大信心，但「至少不會再有重大的戰爭了」。

　　革命的大幕就此拉開。

1911 年 10 月，漢口

這些革命軍士兵穿着統一的軍裝，腰間掛着子彈盒，斜挎漢陽造步槍，披着在新軍中少見的連帽雨衣。他們臉上掛着笑容，看向鏡頭，也望着這個時代。這並不是他們所熟悉的世界，許多士兵在不知革命為何物的情況下，就參加了革命，成為革命軍。

義軍的首領向革命新兵訓話

其時的《紐約時報》記者向遙遠的美國發回電文稱，
原駐武昌的舊城防軍與忠於革命黨的部隊仍有短暫的
交火。當英國和日本官員抗議戰鬥危及外國租界安全
時，交火即告停止。革命黨人跨過長江後，仍執行在
武昌時公佈的不襲擊外國租界的政策，但部份衞公會
的教徒仍企圖翻牆逃走，據悉他們基本安全。湖北義
軍統帥發佈了一條特別公告稱，凡違反上述命令者立
即處死。公告還稱，「這是一支人民的軍隊，我們的
任務是『驅逐韃虜，恢復中華』」。

漢口的革命軍營地

1911 年 10 月，位於漢口火車站十公里處的革命軍營地。他們駐守的地方帳篷林立，這將是與清軍爭奪的前沿。

1911 年，漢口

這張照片是英國植物學家歐內斯特・亨利・威爾蓀（Ernest Henry Wilson）拍攝的漢口港。長江煙波浩渺，其上鐵艦穿梭。這座中國腹地的長江口岸，儼然已成為清國之水陸交通中心。

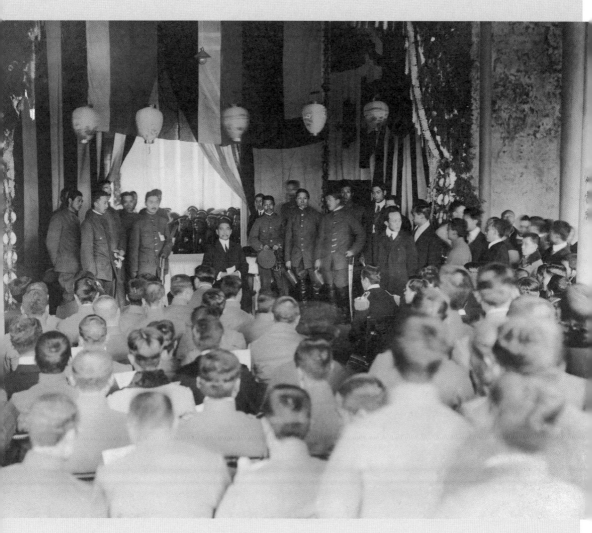

孫中山與同盟會會員開會

1911 年辛亥革命前，孫中山與革命黨成員開會，起義
已成同盟會之必需議程。同盟會則是以政治暗殺掀開
了辛亥革命的序幕。清末資產階級革命黨人的政治暗
殺，作為反清暴力鬥爭的一種特殊方式，是辛亥革命
中不可忽視的歷史內容。百年前中國的那一批革命黨
人，幾乎囊括了上一世紀中國的所有名人：孫中山、
黃興、蔡元培、章太炎、陳獨秀、汪兆銘、徐錫麟、
秋瑾、仇鰲、陳其美、陳炯明……他們當時組建了許
多專職暗殺的團體，在他們的策劃下，「暗殺」得到
了普遍的運用。在老一批同盟會會員中，暴動和暗殺
都被列為革命必備的兩種方法。

清廷校閱新式陸軍

1911 年，包括陸軍大臣蔭昌、載振，海軍大臣載洵，貴冑陸軍學堂總理載潤，禁衛軍大臣載濤，肅親王善耆，以及徐世昌、段祺瑞等人在內的清廷諸大臣校閱新軍陸軍時合影。

1911 年，陝西，清軍炮隊官兵

法國聖方濟會傳教士梅蔭華（Michel de Maynard）在
1911 年於陝西旅行期間拍攝的清軍炮隊官兵。在他所
寫的旅行日記裏可以看到，晚清的中國，雖有新式軍
隊的存在，但他們仍穿着舊式軍裝。有時候他們也會
懷疑自己生存在兩個不同的國家或者世界。

修復漢口鐵路的清朝士兵

鐵路風潮起因於清政府以鐵路國有之名，將已歸民間
所有的川漢、粵漢鐵路築路權收歸「國有」，轉而出
賣給英、法、德、美四國銀行團，這激起了湘、鄂、
粵、川等地民眾的強烈反對，保路運動蓄勢待發。民
眾自主請願、搗毀電線、沿途設卡、斷絕官府往來文
書。鐵路遭到破壞，清軍的大批物資和人員只得暫時
滯留。保路運動幾度被推向高潮。

北洋的士兵們在陣地前休息

時代即將斗轉星移，但北洋士兵還留着清國的辮子。他們在戰役之際疲憊地跌倒在稻草堆裏，簡單地處理着身體上的傷口。這些反對革命的士兵並不知道，幾個月後，他們也將成為革命軍的一部份。

武昌起義時期的馮國璋

武昌起義後，清政府任命馮國璋為第二軍軍統，增援南下。此時的馮，眼觀六路，對時局了然於胸，為袁世凱密令是聽，討得袁世凱「慢慢走，等等看」這六字秘訣。其率軍與革命軍激戰四夜，於 1911 年 11 月 1 日攻陷漢口、漢陽。馮國璋（1859—1919），字華甫，河北河間人。1884 年因家境困窘，隻身前往天津從軍，並進入天津北洋武備學堂。小站練兵之時，因輔佐袁世凱操練新軍，與王士珍、段祺瑞並稱「北洋三傑」。馮國璋的政治生涯與護袁和倒袁相伴。

被俘的革命黨人

不幸被俘的革命黨人,被捆綁在一起。攝影師捕捉到他們充滿着淡然、漠然、驚恐、疲憊的眼神。清軍急攻40餘天,陽夏告捷。革命軍撤出武漢。清軍隨即在城內展開大規模的搜捕與攻殺,據稱至少萬人被抓。

守衛歐洲租界的德國海軍

武漢三鎮的外國人在槍火中快速集合起來,進駐外國租界。他們報告說受到了革命軍無微不至的照顧和關懷。儘管如此,荷槍實彈的海軍們,仍在一家叫做「嘉禮書局」的樓下,用沙袋壘起防線。

作壁上觀的外國人

1911 年 11 月，英國和日本駐武漢領事館的領事們，站在日本領事館的屋頂上觀看皇帝的軍隊與革命者們在武漢城中的戰鬥。袁世凱派他的軍隊攻擊漢口的同時，照會了駐武漢的所有領事館，他們不在清軍的炮擊範圍內。當然，他們也不會受到清軍的攻擊。

死亡之城

　　真正的革命現場，其實更加殘酷、血肉模糊。記者丁格爾（Edwin J. Dingle）的記錄，為我們還原了那個真實的場景：

　　激戰持續了整整五個白天和四個可怕的夜晚，近距離的步槍和馬克西姆機槍聲持續了一天又一天，令人膽寒。革命軍在一段時期內掌握了戰爭的主動權，他們用馬克西姆機槍每天都成百地消滅敵人，北洋軍士兵死亡不計其數。每天晚上，死屍都用火車運走，他們的傷員被扔在寒冷的陣地上，直到因可怕的傷病和飢餓而死去。過於激烈的戰事使紅十字會都無法工作。

　　（在戰鬥結束後返回的路上）眼見的是曾經猛烈抵抗過的痕跡，房子被炸成斷壁殘垣，彈藥箱被撒得到處都是。我碰到五六個湖南兵，他們正趴在路邊的矮護牆下隱蔽着，準備伏擊清軍，他們佔據了鐵路沿邊與馬路平行約半英里遠的地方。他們以友好的方式揮手，示意我向前走，顯然不希望向敵人暴露他們的存在。我繼續孤獨地騎行。路邊有一具穿黑色外套的、已面目全非的屍體，上面爬滿了蒼蠅，一堆未曾使用過的炮彈躺在地上，它們訴說着清軍失敗後匆忙撤退的情形。寂靜的空氣裏充滿着死屍、燒焦的肉及木頭的臭味。突然一道閃光，隨即「砰」的一聲，步槍聲從鐵路邊傳來，我不知道是否是衝我而來的，我下了車向前走了幾步，顯示我自己是一個外國人，但後來沒有發生甚麼事，我騎上車繼續走。不久，碰到另外十個穿黑外套的傢伙，他們正趴在路邊，準備着向鐵路邊亂射，更多的人在房子裏躲着，從已毀壞的窗戶內向外開火。在一些損毀的破房子中間有幾具革命軍人的屍體和燒得半焦的一匹馬或是一頭奶牛。再向前，在路邊有一具女屍，半裸地躺在一灘血裏，看起來是一個乞丐。

　　這段話出自為上海《大陸報》（*China Press*）工作的西方記者丁格爾的名

作《中國革命記，1911—1912》（*China's Revolution, 1911-1912: A Historical and Political Record of the Civil War*）。

　　革命剛剛爆發時，丁格爾就住在漢口，是革命軍領導人黎元洪的私人朋友。之後的南北密談期間，他又去了上海、南京，接觸過袁世凱的幕僚。他利用自己獨特的身份，遊走於各大政治勢力之間，探尋政治的驚人內幕，撰寫了大量獨家觀察報導。

革命黨人的屍體被撈上岸

橫渡漢口長江時遇難的革命黨人的屍體，被租界內外國人組成的紅十字會人員帶上岸。據當天的《紐約時報》所刊的消息稱，江中佈滿了義軍與清軍的屍體。他們保持着各種奇怪的姿勢。也許他們永遠看不到各自的勝利。這些屍體泡在江邊數日。雙方的士兵不斷地射擊，直到政府軍徹底佔領漢口，紅十字會的人才有機會將這些屍體打撈上來。

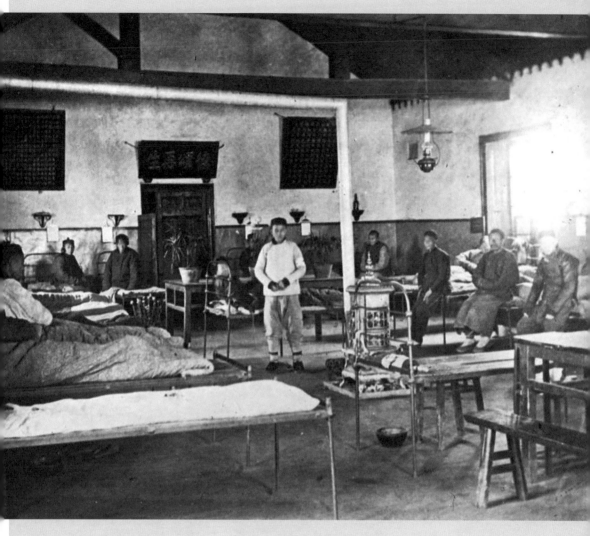

漢口教會醫院的病房

美國聖公會創辦的武昌公會醫院，在戰鬥開始後，即
開始營救義軍傷兵。照片中的醫院已頗具現代醫院的
規模。戰後，湖北總督黎元洪，感於醫院救治之德，
曾給予大力支持與褒獎。

漢口，民眾被動員起來，把傷亡士兵
抬下戰場

陽夏戰役，歷 40 餘天，傷亡人數 15,000 人。武漢
一城為辛亥首義作出了重大的犧牲。

中華民國國旗上沒有龍

革命最終爆發了。一聲巨響,這聲驚雷震醒了許多人。

10 月 11 日,起義的第二天,遠在北京的莫理循便給《泰晤士報》(*The Times*)發出北京專電,通報這次革命對大清國的巨大震動:北京被革命爆發和軍隊叛亂的消息嚇得心驚膽戰。「清朝危在旦夕,滿朝文武,草木皆兵。」「人民死傷不多,但財產損失嚴重。革命黨人秋毫無犯,北洋軍隊肆意掠奪。」

他專門奔赴動盪中的漢口,從 10 月 11 日到 24 日,用近萬字的報導,向世界講述了武昌起義後的中國。

10 月 11 日,革命黨人宣佈成立中華民國。

同日,武昌全城光復。「看上去就很激進」的黎元洪出任中華民國軍政府鄂軍都督,發佈著名的《致全國父老書》。

10 月 15 日,《紐約時報》上即醒目地刊出了「中華民國」的國旗,報導題名為:「中華民國國旗上沒有龍」。潛台詞即為黃色青龍旗已經不再,中華民國的新生便成為這一次革命的最有力佐證。

佐證歷史的不只是國旗、國家的新生。

航行出訪的海圻艦亦穿越了歷史。這是唯一的一艘環球航行期間經歷辛亥革命爆發的傳奇軍艦。艦上全體官兵在艦長程璧光的帶領下毅然投入革命隊伍──出國時艦旗還是清朝的黃色青龍旗,歸國時已變成了中華民國的五色旗。

10 月 22 日,長沙獨立,成立湖南軍政府。陝西新軍攻佔西安。

23 日,江西九江、南昌光復。

27 日,漢陽失守。清廷授予袁世凱為欽差大臣。

坐火車開往前線的清朝新軍

陽夏戰役歷時 40 餘天。清廷先後從內地調集軍隊幾十萬，赴武漢參戰。
照片中為坐在火車上等待出發的新軍士兵。車廂中士兵們與山炮集於一
處。雜亂的氛圍中，肅殺之氣已來。

休整的革命軍隊在漢口集結

待命的起義軍，臉上寫着對於未來的迷茫。士兵們穿着混搭的軍服，當
中許多人還紮着長辮，手執各種兵器，如同這場突然到來的革命。他們
看起來粗糙、混亂，卻又充滿生機。

1911 年在漢口的清朝偵察兵

漢口前線，正在執行任務的清朝偵察兵，胸掛望遠
鏡，手拿指揮刀，身着整齊的戎裝。

在漢口執行偵察任務的清兵不是如書中所描述的那般
懶散懈怠，而是精神煥發，專注認真。他們接受過
新式的訓練，經歷過炮火彈雨的洗禮，標榜新兵的他
們，維護的是搖搖欲墜的舊制度。

漢口前線的清國軍官

他們正在參加「陽夏戰爭」，這場戰爭被譽為「改變中國命運的 100 場戰爭」之一，也是辛亥革命中規模最大、戰鬥最激烈的一場戰役。戰役自 10 月 18 日開始，分為漢口戰役與漢陽戰役兩個階段，歷時 40 餘天。戰事發生在漢陽和漢口，史稱「陽夏戰爭」。雖已採用各式炮艦，革命軍浴血奮戰 40 餘天，但最終未能扭轉失敗的結局，革命軍傷亡 3,300 餘人，被迫撤出漢陽。頗為諷刺的是，武昌起義勝利後，曾率領清軍與起義軍血戰的袁世凱，搖身一變竟然成為民國的總統。

孝感前線的清朝軍隊

清陸軍大臣蔭昌和官兵在孝感前線。為攻擊起義軍，
清政府在派出馮國璋部後，又派出了以陸軍大臣蔭昌
為總統官的討伐軍。這支部隊由陸軍第四鎮和第二鎮
的混成第三協、第六鎮的混成第十一協編成。該軍第
四鎮即向孝感附近集中，第三協及第十一協 22 標速趨
灄口，掩護大軍南下。漢口位於長江北岸，首先受到
攻擊。經過半個多月的激戰，革命軍終因寡不敵眾，
被迫退守武昌，此後同清軍在武昌對峙長達 47 天，為
革命的最後勝利爭取了時間。

九江作戰的革命軍的舢板

九江革命軍的簡陋炮船。武昌起義後，革命軍水上部隊駐劉家廟及武漢、九江之間。黎元洪在給各艦管帶的信中，情深意重地呼喊革命者：「漢族存亡之機，在諸船主一臂之力。孰無心肝，孰無血誠，孰非炎黃子孫，豈肯甘為奴隸，殘害同胞？請勿猶豫。」

清朝軍隊在孝感通過浮橋

袁世凱親抵孝感前線指揮，圍攻漢陽。清軍在袁氏指揮下，勢如破竹。清末編練的新軍已裝備先進的浮橋，以折疊的小船為橋墩，上搭木板，供軍隊通過。澎湃的江水，似乎也預示着革命中湧動的暗流。

臂纏白巾的起義者

起義軍因時間倉促，而沒有制式軍服，為與清新軍區別開來，他們相約臂纏白毛巾。參加起義的革命黨人多來自南方，有粵籍的，也有川籍、閩籍的，他們告別父老妻兒，離鄉背井。起義前，他們紛紛寫下遺書，其文悽婉真摯，字字泣血。

清朝的炮兵部隊

清軍炮兵的裝備早在甲午海戰時已有了不同於往昔的提升，包括購於英國的阿姆斯特朗式、格魯森式和德國的克虜伯式後膛炮，以及江南製造局製造的後膛大炮等。這些精良的武器裝備打出的炮彈，一顆一顆轟擊着革命軍的陣地，革命軍難以抵禦。

漢口野戰炮和清朝軍隊

北洋野戰炮隊，安紮在漢口前線。不遠處的牆壁上寫着
「玉成公司」字樣。手持戰刀的炮長在炮後，對着身後
的炮兵們訓話。庚子拳亂後，清廷痛感整軍經武之必
要，將全國原有各制兵防勇嚴行裁汰，精選募練常備、
續備、巡警等軍，一律操習新式槍炮。清末新軍中並無
獨立炮兵部隊建制，在定制中一鎮內有炮兵一標，計三
個營。北洋六鎮與禁衛軍炮兵實為中國炮兵之精華，武
昌起義後，第二、四、六鎮炮隊和禁衛軍一個炮隊營投
入湖北前線。北軍的新式管退炮在射程方面遠優於革命
軍的火炮，對起義軍造成很大威脅。

革命軍佔領後的江岸車站

暴動的兵士們衣着不一,馬匹在身後駐足。這張照片
由日本駐華人員拍攝,這表明清軍與起義軍均對外
國人持友好態度。否則根本不可能在如此激烈的戰鬥
中,還有機會拍下如此閒適的照片。

郊外革命軍攻擊隔岸之敵

這張照片由日駐漢口租界武官拍攝。日本人對於中國
任何事物的資料收集都極為精心。綜而觀之，日本人
自攝影術發明後，即用攝影這種方式來記錄發生在與
日本相關或無關的任何一種歷史事件上。他們關於中
日甲午海戰的詳細圖錄，至少說明了他們的野心。而
武昌首義事件，對於日本人更是觀察中國的一個不可
多得的時機。他們專門在戰後製作了一本印製精良的
《武昌暴動圖集》，這張照片就是其中之一。

革命軍撤出武漢

1911 年，英國駐漢口領事助理史丹利·懷亞特·史密斯（Stanley Wyatt-Smith）從火車上拍攝到的革命者撤出武漢的照片。在後來出版的一本名為《看到共和國的誕生》（*The Birth of a Republic*）的書中，他描述了這支「反叛部隊在被清國的袁世凱的所謂平叛軍隊於 10 月 27 日轟炸漢口，並造成 500 多人的傷亡後，從漢口撤出」。

革命軍向城外突圍

1911 年 10 月，革命後的新軍戰士
們，在清國的皇家軍隊的攻擊下，從
漢口開始撤退，他們的隊伍從初冬的
田野上，分十幾路突擊。遠處還可以
看到炮彈炸起的硝煙。

難民聚集在漢口車站

暴動期間難民們肩挑着自己的家當，他們可以逃亡的地點似乎只剩下
了車站與碼頭。車站上有士兵站崗。那個回頭向士兵解釋的男人，臉
上掛着惶恐與無奈的笑容，這種笑容許久地掛在中國人的臉上。

江永號載着漢口難民抵達上海

1911 年 10 月 27 日，馮國璋率領的軍
隊進入漢口和革命軍展開巷戰，繼而放
火燒毀大片漢口地區，很多百姓淪為難
民。他們乘坐江永號輪船逃往上海。
英國的《倫敦畫報》（*The Illustrated
London News*）對難民的情況作了圖文
報導。

袁世凱再度出山

革命爆發後，受國內外形勢所迫，大清國不得不重新起用袁世凱，由其出任總理內閣大臣，主持軍政。革命當前，袁世凱深知大清國氣數已盡，無力回天，便聯絡全國革命勢力，倒戈一擊，逼迫清帝退位，實行共和。

在《大陸報》特派員丁格爾的報導中，袁世凱是「一個身材魁梧、殘忍的、敏感的、樂觀的中國人。他擁有廣泛的權力。他常常把賭徒或其他諸如此類的人抓起來殺掉」。

袁世凱是一個毀譽參半的人物，他統治下的中國前途仍捉摸不定：「中國已經與他的生命和榮譽聯繫在一起了。中國將面臨兩種結局：一個和平安定、從種族苦難中擺脫出來、得到世界支持、雄赳赳地駛出港口的中國。另一種呢？一個自身極度絕望、充滿新仇舊恨、更多流血衝突的中國。」

但也並非意味着丁格爾就要否定他。他依舊認為「袁世凱是那個年代裏最偉大的軍事改革者」。他編練北洋軍時，將中國舊軍隊的一些固有缺陷「降到了最低程度」，培養了士兵對他的忠誠，提高了戰鬥力。

偉大軍事改革者袁世凱

北洋軍成為清室唯一可以倚仗以抵抗革命者的武裝力量，袁世凱被再次起用，任湖廣總督，旋即任內閣總理大臣，主持軍政。革命當前，袁世凱雖知清廷氣數已盡，無可挽回，但謀略極深的袁卻派北洋軍攻殺起義者。弔詭的是，辛亥首義，無關者袁世凱卻成為意想不到的最大受益者。

光榮的戰鬥

與莫理循和丁格爾僅僅作為記錄者角色不同,《紐約先驅論壇報》的記者端納則擔任起了革命組織者的工作。

各省紛紛起義後,惟獨剩下了張勳控制下的南京。在這時,端納甚至自告奮勇地成為紫金山上的偵察員。

南京城面臨生死一戰。在現場的見證者中,參與者端納是唯一的西方記錄者。

太平門附近的車站電報局裏,一根蠟燭,一枝鉛筆。他在殺氣騰騰的空氣裏寫下 2,000 字的報導,使《紐約先驅論壇報》和其他澳洲報紙得以向西方世界公告這場「光榮的戰鬥」:

> 1911 年 12 月 1 日,南京城外。今天早晨,一場生死鬥爭在一座城市和一座山的中間進行。炮彈在紫金山頂到平原處一帶咆哮,彈片在高處和遠處飛散,中國革命黨人幾乎沒有傷亡,處在低處的清軍士兵正在作絕望的掙扎。

就在那時,攻城仍在繼續。

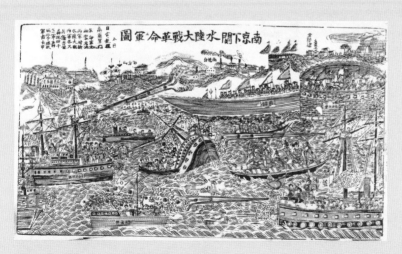

南京下關水陸大戰革命軍圖

木版畫,表現的是辛亥革命時期在南京下關,薩鎮冰所部水陸大戰革命軍的場景。

中國政治民主的誕生

1911 年，美國《紐約時報》、《芝加哥論壇報》（*Chicago Tribune*）紛紛關注中國的辛亥革命的進展，並進行連續報導。其中，《紐約時報》在革命爆發之後，連續 39 個上午都在頭版報導來自中國的消息。

歲末，這份美國老牌報紙又照例請來了 15 位名人，以挑選出 1911 年最偉大的事件，其中 9 位選擇了「中國的辛亥革命」。這聲革命的驚雷震撼了世界，也無疑是當年頭條的國際新聞，被譽為「中國發生的以建立自由和誠實的政府的運動」、「中國政治民主的誕生」等。

巨雷驚煞了這片古老帝國的土地，也掀起了血雨腥風。

風雨之後，1911 年的中國開始了一段新的征途，走向共和，走向尚未結束的革命。

臨時大總統

1911 年 12 月 29 日，孫中山被十七省代表在南京推選為中華民國臨時大總統之後的軍裝像。孫在當選之時發表感言：「然而臨時之政府，革命時代之政府也。十餘年來從事於革命者，皆以誠摯純潔之精神戰勝所遇之艱難。即使後此之艱難遠逾於前日，而吾人惟保此革命之精神，一往而莫之能阻，必使中華民國之基礎確定於大地，然後臨時政府之職務始盡，而吾人始可告無罪於國民也。今以與我國民初相見之日，披布腹心，惟我四萬萬之同胞共鑒之。」

時大總統選舉會攝影

民國臨時大總統選舉會合影

1911年12月29日，南京中華民國臨時
大總統選舉會正式舉行。該照片上共有
47人，包括來自17個省份的43名代表，
以及監票員劉之潔（左側着軍裝站立
者）等工作人員。前排右六為湯爾和，
右九為王寵惠；中排右四為趙仕北，右
十為林森；後排右一為王正廷，右二為
胡瑛，右十為居正，右十一為吳景濂。
這些人選舉出了中華民國歷史上第一位
臨時大總統。

漢口火車站附近的斷壁殘垣

馮國璋攻佔武漢後，下令將這座城市付之一炬。一紙令下，房舍民宅置於火海。大火三晝夜不熄，漢口四分之一市區毀於一旦，十餘里街道被燒為焦土。

戰爭後被遺棄的山炮

1911年11月，武漢下了一場大雪。一架殘山炮，孤獨地放在漢陽的龜山上，它的炮口仍然瞄準着遠方的漢口。

東北鼠疫中的醫療團隊

在這個改朝換代的年份，清政府還撲滅了一場大型瘟疫。來自馬來西亞的醫學博士伍連德臨危受命，組建了一支專業隊伍，在撲滅這次來勢洶洶的鼠疫中，發揮了中流砥柱的作用。可以看到，照片中有一個人戴着伍博士發明的口罩，他首創的「疑似病房」，在百年之後的今天，還在使用。

時年 25 歲的蔣介石

辛亥革命前後，蔣介石都在同盟會員老陳其美的指導下從事革命活動。辛亥革命爆發後，同年 10 月 30 日，蔣介石即從日本回到上海，並受陳其美指派到杭州，與王金發等鼓動浙江新軍，組織敢死隊，以待起義。

照片中的蔣介石第一次穿着西裝留影，在如今看來相當普通的西服，當年卻是前衛，甚至是冒險的穿着。寬大的袖子，略顯肥大的腰身，還有帶着褶皺的下擺，都體現出這件衣服的臨時性質，這件衣服應該是照相時特地借來用的。有資料可查的蔣穿西服亮相的場合沒有超過三次，其中第二次是他的婚禮，為了配合妻子的西式新娘禮服。第三次便是 1949 年 7 月 14 日，兵敗如山倒之後，菲律賓總統邀請蔣介石前往訪問，蔣入境隨俗又穿了一次西裝。

辛亥革命期間的孔祥熙

這位孔子第 75 代孫,耶魯大學畢業後,
回到山西。武昌首義爆發,孔祥熙調集
太谷縣的商團及銘賢學堂學生,組成民
團負責地方秩序,之後被推舉為山西中
路民軍總司令。

張作霖在瀋陽

1911 年(宣統三年)辛亥革命,張作霖
經奉天省君主立憲派領袖袁金鎧保舉,
被東三省總督趙爾巽重用,任奉天國民
保安會軍事部副部長。

剪去象徵清朝的辮子

1911 年的最後一天，也就是孫中山就任臨時大總統的前一天，南京街頭的軍警為行人強剪辮子。剪辮子成為革命的一個象徵，時代轉換的一個標誌。清人入關時要求剃髮、留辮，不服從者殺無赦，從北到南，為了這道不可抵抗的命令，不知有多少漢人喪了命。經過 200 多年，腦後拖一條長辮子似乎成了習慣。然而，從晚清開始，有識之士就不斷呼籲剪辮子。1903 年 1 月 15 日，天津《大公報》的徵文題目赫然是《剪辮易服說》。自 1904 年起，練兵處要改軍服，辮子成了障礙，之後，新軍官兵、警察剪辮子的越來越多。進入 1910 年，軍諮大臣載濤決定不再禁止禁衛軍剪辮子，准其自由。1911 年 12 月 17 日，天津《大公報》報導，袁世凱於 12 月 13 日剪去辮髮，「以為各界之倡」。身邊的人說，袁世凱剪辮子時不斷哈哈大笑，談話中顯出異乎尋常的高興。剪辮子，意味着一個舊時代的結束，也意味着一個新時代的開始。

漢口，懸掛五色旗

1912年3月，漢口一條繁華的大街上，商戶沿街掛滿新成立的中華民國國旗，這面旗子由紅、黃、藍、白、黑五色組成，意謂漢、滿、蒙、回、藏五族共和。

III

1912 年 2 月 12 日，隆裕太后以宣統皇帝的名義下詔，宣告清廷退位。事實上，在那之前，袁世凱已經進駐北京。待在北京的莫理循看到其他西方媒體觀察家不曾看到的景象——從火車中走出的袁世凱，姿態既滑稽又優雅，他輕快地走過整個站台，「以此向人們展示，三年前使他被免職的那條痠痛的腿此刻好極了」。

1912-1913
共和

1912 年 1 月，中華民國臨時中央政府在南京成立

1912 年元旦，孫中山歸國就任中華民國臨時大總統。此前的一年對他來説，是翻天覆地的一年。他這個流亡海外 16 載的革命者，一舉成為當之無愧的中華民國臨時大總統。1912 年 1 月 1 日上午，孫中山乘坐專車離滬，下午抵達南京，所到之處各界人士夾道歡迎，「共和萬歲」之聲響徹雲霄。當晚，總統府內舉辦莊嚴而質樸的就職典禮，孫中山發佈了《臨時大總統就職宣言》和《告全國同胞書》。宣言表示將努力「盡掃專制之流毒，確定共和，普利民生，以達革命之宗旨，完國民之志願」。宣言發佈後，孫中山下令定國號為「中華民國」。1 月 2 日，通電改用陽曆。

孫文的共和國宣言由西方記者擬就

1911 年的暴動與喧囂後，是 1912 年的塵埃落定。

1912 年 1 月 1 日，孫文從上海抵達南京，宣誓就任臨時大總統。在總統就職儀式的現場，記者端納記錄了這個重大事件，從南京發出報導後才回到上海。

幾天後，全世界很快看到在遙遠的東方，曾經的帝國崛起和隕落的地方，新生的一個共和國開始向世界喊話。

然而，沒有人會想得到這份共和國宣言其實出自一位西方記者之手。

高鼻子，深凹的眼睛，面帶微笑的年輕老外，澳洲記者端納，通過打字機「生產」出這些宣告革命、共和、民主、新生的詞句。

他是在上海革命黨部一間冰冷的小屋裏接到通知的。在他被凍得哆哆嗦嗦的時候，孫文派人送來專電，特邀其草擬宣言。

當端納在長江流域見證共和之火劇烈燃燒的時候，另一位著名記者莫理循則依舊留守北京。那時候，袁世凱一面往南方派兵，一面也在推進與南京政府的秘密談判。

如此行動目的很簡單：軟硬兼施，只為逼清廷退位。南方政府必須作出讓步，代價則是袁任總統。

對於未來，袁世凱變得越來越自信。有一次，他甚至小聲對莫理循耳語：「再加些壓力，清廷就垮台了。」

人們都在猜測朝廷離開北京的時間，作為身處局中的局外人，莫理循也向《泰晤士報》抱怨：「清廷正在熱河籌建宮廷。如果朝廷去熱河，事情就簡單了。為甚麼他們還不去熱河呢？」

「中國通」莫理循第一時間得知了清帝的遜位條件：「袁世凱準備每年給他們多達 500 萬兩的銀子，這是一個很荒謬的數字。我在和他的通信中說，100 萬兩就足夠了。我提到波斯和土耳其的情形。我說，生活費的水準是攝政王自己定

孫中山赴南京就職前留影

1912年1月1日上午，孫文自上海北站乘火車抵南京，
當日 22 時於南京總統府宣誓就任中華民國臨時大總
統，是年孫文 46 歲。是日定為民國元年元旦。

的，他引退後每年得到 5 萬兩。因此，他們不應該給別的親王比這更高的生活費。一共只有八個親王。皇帝將得到 25 萬兩。在整場危機中表現不錯的皇太后也許能得到相同的生活費。袁世凱打算給她特殊優待，因為她是光緒的遺孀，而人們責怪袁世凱 1898 年錯待了光緒。」

無疑，這些昂貴的遜位條件，是雙方妥協的結果，而對於這個結果，很多人並不滿意。代表南北雙方進行和談的唐紹儀和伍廷芳，對此也頗有微詞，《泰晤士報》駐南京記者福來薩（David Fraser）寫道：「這兩人都不樂見給予滿洲人的過於優厚的待遇，不滿意詔書中的語調，他們甚至公開講出有敵意的話。」

但是，無論如何，清廷能夠如期遜位，中國沒有經歷太多的流血事件就完成了一場天翻地覆的革命，這個結局已經算是不錯了。

在袁世凱前來拯救隆裕太后和溥儀這對孤兒寡母的同時，清廷正式退出歷史舞台。莫理循眼明手快，立刻發出了「帝國下詔宣佈共和」的報導，由於搶先爆出了這一足以撼動西方輿論界的消息，莫理循獲得極高的聲譽。

段祺瑞奉袁令，逼清帝退位

段祺瑞一生曾「三造共和」，洵為佳話。1912 年，段祺瑞聯名北洋高級將領電促清帝退位，隆裕太后下詔清帝退位，此為「一造共和」；北洋時期，段祺瑞推翻稱帝的袁世凱，黎元洪繼任大總統，此為段祺瑞「二造共和」；1917 年，段祺瑞趕走張勳和復辟王朝，正式任國務總理兼陸軍總長，此為段祺瑞「三造共和」。

袁世凱贈給莫理循的照片

袁世凱稱莫理循為「莫大夫」，是因
為莫理循 1887 年畢業於英國愛丁堡大
學醫科，博士學位。1897—1912 年才
正式擔任英國《泰晤士報》駐中國記
者，並於 1912 年任民國大總統袁世凱
的政治顧問。

2 月 14 日，袁世凱如願以償，當
上了臨時大總統。這與莫理循、蔡廷幹
等人的大力協助是分不開的。尤其在此
之前，莫理循就在《泰晤士報》上讚揚
袁世凱是「最適合當總統的人」，認
為工於心計的袁世凱是當時處於動盪中
的中國唯一可以勝任領袖職位的人。莫
理循相信，作為「中國的未來」，袁世
凱能成為自己心目中的領導人──「這
個領導人應具備絕對權威，在世界有影
響，以英國式的資本主義政治、經濟、
文化、外交為其指導方針，能夠把中國
引領向強大、光明的未來」。

袁世凱曾贈給莫理循很多簽名
照，其中一張之上甚至有手寫英文簽
名：您誠摯的袁世凱。澳洲記者莫理
循華麗轉身，被聘為袁大總統的政治
顧問。也是在這個時候，他被賜予金
印，以表彰其特殊的貢獻。

就連王府井那條最著名的商業
大道也被新命名為「莫理循街」。頗
為諷刺的是，一場新的反抗也隨即開
始，中國歷史開始有了意料之外的逆
轉，西方媒體與記者以更為出乎意料
的方式參與其中。

孫中山參加內閣會議

此時的孫中山意氣風發，革命勝利的果實已在眼前。1912 年 1 月 1 日，孫中山於南京就任中華民國臨時大總統之日，因內閣成員尚未抵達南京，故遲於 1 月 21 日孫中山才主持臨時政府第一次內閣會議。中華民國臨時內閣僅存在兩個月，成員有陸軍總長黃興、海軍總長黃鍾瑛、內務總長程德全、外交總長王寵惠、司法總長伍廷芳、教育總長蔡元培、財政總長陳錦濤等。

III 共和

舊金山華僑敲響自由鐘

從籌措經費到革命發端，孫中山曾四次前往舊金山宣傳革命，海外華僑也為中國的革命捐款出力，孫中山也因此發出了「華僑為革命之母」的感慨。當大洋彼岸捷報傳來，舊金山的華僑也為故土推翻帝制，迎來新時期而歡呼雀躍。1912年1月28日，舊金山華僑為中華民國的成立敲響自由鐘，自由的鐘聲裏傳遞着血脈相連的骨肉情懷。

舊金山華僑組織遊行

孫中山就任臨時大總統後，美國舊金山市的華僑舉行盛大遊行。遊行中的花車上還有「君主專制政體滅亡」、「共和國萬歲」、「少年中國的勝利」等標語。革命前，舊金山還是洪門籌餉局成立之地，國內武裝起義的軍餉都由洪門籌餉局籌備。在辛亥革命中，海外華僑起到了極其重要的作用，許多華僑追隨孫中山投身到革命中，他們在僑居地積極參加和支持同盟會，提供經費支持革命活動，還回到家鄉建立革命組織，多次參加武裝起義。1894年11月，孫中山在檀香山設立興中會，首批入會的20餘人都是華僑。辛亥革命的成功，海外華僑功不可沒。在黃花崗起義中遇難的黃花崗72位烈士中，華僑就佔了29人。孫中山曾給予華僑高度評價：「我海外同志，昔與文艱苦相共，或輸財以充軍實，或奮袂而殺國賊，其對革命之奮鬥，歷十餘年如一日，故革命史上，無不有『華僑』二字，以長留於國人之腦海。」

III 共和

南北議和會議

南北議和開始於 1911 年 12 月上旬，清政府任命袁世凱為議和全權代表，袁世凱則派唐紹儀為他的全權代表；南方十一省革命政府推舉伍廷芳為議和總代表。正當南北雙方代表爭執不下的時候，孫中山在南京組織了臨時政府，表示革命目的不達，無和議可言。袁世凱一方面革除唐紹儀的代表職務並中止和談，一方面對南方施加軍事壓力；再加上臨時政府內一些同盟會會員和立憲派紛紛活動，孫中山終於被迫承認了議和的條件。為了早日推翻清廷和結束封建帝制，孫中山「迫而犧牲革命主張」，表示若清帝退位，袁世凱贊成共和，則推薦袁世凱為臨時大總統。南北議和，成為史上代價最小的全國性政權更迭。1912 年 2 月 12 日，清政府頒佈清帝退位詔書，清王朝不復存在；但與此同時，心存復辟意圖的袁世凱卻竊據了民國的最高權力。

被忽略的刺袁現場

北方政府也並非波瀾不驚，苟延殘喘的清廷內部，同樣存在着一些激進的聲音。

早在 1912 年 1 月 5 日，莫理循就曾預言：「我相信一定會出現一個民國，而袁世凱只要在此期間不被炸死，會成為民國的第一任總統。」莫理循提出了一個殘酷的前提——袁世凱不被炸死。

時局比莫理循想像的還要殘酷。無論怎樣嚴防死守，爆炸還是如期而至。這一年 1 月 16 日，北京東華門附近的丁字街。莫理循成為一個重要現場的目擊者——那就是不少史書、教材乃至傳記都忽略的刺殺袁世凱。

隨着一聲巨響，片刻沉寂後，袁世凱乘坐的馬車在衛兵的保護下迅速從出事地點衝出來，經過莫理循的身邊時，這位年輕的西方記者才意識到有人投擲了炸彈。

很容易就可以看到袁世凱坐在裏面，安然無恙。

莫理循感嘆道：「感謝上帝！」

然而，又一匹馬從大街上一路狂奔而過，隨後士兵也狂奔起來。莫理循立馬向出事地點跑去。

被炸斷的電報線，砸壞的電話散落一地，現場一片狼藉。部隊士兵和警察很快控制了出事地點。一隊士兵甚至向靠近街角的第三座房子衝去，他們用槍托砸破窗戶，一躍而入。

炸彈是在消防泵附近爆炸的。

莫理循的目光掃到一個士兵倒在血泊中，面部朝下，一股鮮血汨汨湧出，安靜得就像剛剛被宰殺的豬一樣。但是，沒有人注意到他，沒有人在乎他身受重傷，也沒有人試圖將他挪到安全一點的地方。

另一處，消防泵和滅火水龍頭的附近也有一名被炸傷的士兵，有氣無力地躺

着，眼看着也快活不成了，同樣也沒有人在意，沒人去搭理他。

遠處，還有被炸死的馬。

士兵們把那枚造成這場爆炸的炸彈小心翼翼地放進路邊的一個籃子裏嚴加看管。其他士兵和警察則迅速集結，開始搜查附近的商店、居民住所。場面混亂，人聲嘈雜，哀號不斷。

一名嫌疑人很快就被捕了，另外兩個投擲炸彈的兇手也被捉拿歸案。

莫理循記得其中的一個留着小鬍子，穿中式長衫，這個年輕男子面相酷似日本人。實際上，整場爆炸事件的第一目擊證人除了莫理循，還有一個賣《聖經》的蒙古商人。

刺殺未遂事件發生之後，一位英國《倫敦新聞畫報》（*The Illustrated London News*) 記者立即趕到現場。他不僅在 1912 年 2 月 10 日的畫報上發表了一篇簡短的現場目擊報導，同時還刊登了十張他在現場拍攝的照片。

在圖片報導的敍述裏，形形色色的細節甚至推翻了曾經為數不多的學者對此事件的記錄與論述。

這裏有的只是：手提大砍刀，在十字路口看守着被捕革命黨人的京師劊子手，劊子手身旁被捕的革命黨人和在現場採訪的英國記者，以及路中央用籬笆蓋着的那顆沒有爆炸的啞彈、那匹倒在血泊中的黑馬，還有伸長了脖子等着看熱鬧的北京老百姓們。記者說：

據報，前不久中國的隆裕太后發佈了一個未經公開的詔書，指示袁世凱與南方的共和黨人合作，以成立一個共和政府。於是袁世凱便試圖說服南京政府在全國國民代表大會上制定一個永久性的政府制度，並在憲法通過之前容許由他來主持國家事務。袁世凱不太可能發現自己要走的那條路上佈滿了荊棘。毋庸置疑的是，他的生命時刻都受到威脅。別忘了 1 月 16 日所發生的事件，在那次事件中他差一點沒有逃過刺殺。當時他在紫禁

城參加完一次御前會議之後出來，馬車正要穿過王府井大街時，突然有三顆炸彈向他襲來：大約有 20 人在這次刺殺事件中受傷，其中包括他的衛兵和巡警，有好幾個人因傷勢嚴重而瀕臨死亡。那些跟煉乳罐頭一般大小的炸彈中裝了威力強大的烈性炸藥。其中有一顆炸彈沒有爆炸，另外兩顆

1912 年北京，坐轎中的袁世凱及其衛兵

同盟會刺袁小隊分為四組，然而被臨時告知放棄行動，未接到通知的隊員仍在 1 月 16 日早晨執行了刺殺任務。刺袁行動雖然失敗，但受到驚嚇的袁為了自身安危，遂通電南京，願意議和，並要求對方保證不要再對他行刺。

也沒有準確命中目標，而是落到了內閣總理大臣的馬車後面。刺客們是在袁世凱的馬車隊接近時從茶館裏出來的，扔完炸彈以後，他們又逃進了茶館，並在那兒被捕。

最終，袁世凱毫髮無傷地躲過一劫。

莫理循的記載以目擊者的第一視角印證了英國記者在《倫敦新聞畫報》中的影像記錄，卻忽略了事情背後的同盟會。爆炸刺殺的執行者正是同盟會會員楊禹昌、張先培、黃之萌等人。

事實上，當天暗殺發生後，隨即便有大批軍警在出事地點搜查刺客，當場捕獲了張先培、黃之萌、楊禹昌、陶鴻源、薛榮、李懷蓮、許同華、傅思訓、黃永清、蕭聲十人。當天就有法國新聞記者保釋了其中的七個人，只有張先培、黃之萌、楊禹昌三人因被當場搜出了武器而判處死刑，立即執行。

陶菊隱在他的著作《武夫當國：北洋軍閥統治時期史話》中提及，「這些刺客並不是清一色的同盟會會員。他們都不滿意南方對於袁的妥協政策，想用暗殺的手段把這個不晴不雨的局勢扭轉過來。」

而這還僅僅是開始。

為了挽回頹勢，前朝貴族組織「宗社黨」，試圖作最後一搏。1月24日，莫理循寫道：「鐵良已回到北京，正在策動滿人反對袁世凱，看來他會成功而袁世凱不得不離開。實際上，昨天夜裏人們作了極大的努力迫使袁世凱辭職並於今天早晨去天津。專列已在前門火車站等了他幾天了。不難想像他走後會發生甚麼事情。」身在帝都，莫理循能夠清晰地感受到城中瀰漫的恐慌情緒，六天後，他甚至驚訝地發現：「在北京這樣的城市裏，有那麼多的中國人在設法購置武器。價格為45法郎的勃朗寧左輪手槍在北京賣100兩銀子一支。」看來，沒有安全感的不僅是身處政治漩渦的袁世凱。

不過，2月2日的《紐約時報》上，卻刊登了來自袁世凱軍隊的警告：「昨

天袁世凱的軍隊散發了傳單，威脅説如果袁世凱少了一根頭髮，士兵們會殺掉所有應該為此負責的人。」明槍暗箭，都已經瞄準了這座古老的城市。

沒過幾天，莫理循就見證了又一場慘烈的暗殺：「滿洲人當中最好戰的良弼去看望袁世凱。良弼離開袁世凱的住所後，驅車前往北城的肅親王府，然後回到他在西城的家。當他上了台階走向屋裏時，一個身穿禁衛軍制服的人跟上去同他講話。就在他轉身的時候，這個人向他投擲了一枚炸彈，正撞在良弼所站的台階上。炸彈爆炸，炸死了投彈的人，也重傷了良弼的左腿。這事發生在夜裏 11 時。良弼用電話召來一向給他看病的河田醫生，這位日本醫生立即驅車從城的另一端趕來，途中被中國警衛士兵攔住，耽擱了十分鐘。如果他們再耽擱多五分鐘那就來不及了。事情就是這樣，良弼已經奄奄一息，因為沒有人想到把他的大腿用止血繃帶紮緊。人們把他抬到床上，等他從昏迷中醒來時，醫生們已經從他的膝關節處鋸掉了他的腿。」

這致命的一擊，粉碎了前朝皇族最後的信心，他們迅速逃離北京，作鳥獸散。而這場暗殺，也終於讓袁世凱徹底大權獨攬，清帝遜位，終成定局。

共和國的隱憂

從南京到北京，從帝國到共和國──這一切很突然。但是北京成為政治中心無疑又是被安排好的。

澳洲記者端納再次從上海趕赴政治中心北京，成為《紐約先驅論壇報》的北京辦事處記者，也兼任上海《遠東時報》（The Far Eastern Review）月刊的主筆。他常居北京，每月偶爾回上海發排稿件。

和莫理循一樣，端納也成為新生共和國政府的座上賓。

1912 年 3 月 10 日，端納所看到的袁大總統就職現場，有秩序，有細節：

所有的與會代表都身穿禮服。

1. 贊禮官宣佈就職典禮開始。

2. 袁世凱入場，像鴨子一樣搖搖晃晃走向主席台，他體態臃腫且有病容。他身穿元帥服，但領口鬆開，肥胖的脖子奪拉在領口上，帽子偏大。他神態緊張，表情很不自然。

3. 有人呈上一份大號字體的文件，他緊張地宣讀就職誓言——宣誓完畢，他將文件交給趨步向前的蔡廷幹。軍樂隊演奏新國歌。

4. 蔡廷幹致歡迎辭。

5. 袁世凱致答謝辭，措辭相當謙遜。

6. 人們排隊經過袁世凱面前，對他彎腰致敬。第一批過來的是兩個喇嘛。他們先後給袁世凱獻上白色和藍色的哈達；緊跟着的是兩名蒙古人（據說是親王），他們呈上用絲綢包着的畫像。

7. 會場秩序井然。

8. 不再有磕頭之禮。

袁世凱與所有代表一一握手。

不再有辮子。

沒有人穿官服——中國人穿戴一般很簡單。

除了美國，沒有其他駐華外國使節出席這次就職典禮。按照原計劃，就職典禮並不準備邀請任何外交使節參加，但美國可以不理會這套，美國公使館就派出了美國駐華公使館一等秘書衛理（Edward T. Williams）、漢務參贊丁家立（Charles Daniel Tenney）和身穿制服的武官黎富思（James H. Reeves）。有些外國人出席就職典禮，大部份是記者，而日本人佔了大多數。袁世凱看起來很緊張，兵變對他來說是個沉重的打擊，也許沒有比這個打擊更嚴重的事了……舊的地方部隊依舊效忠於他，包括位於畿輔和京城的 2.5 萬清軍。

警察已經恢復工作，偶爾走過的外國軍隊起着良好的威懾作用……這是根據中國人的意願而安排的。

1912 年 2 月 19 日，轟動一時的「泗水事件」爆發。荷屬爪哇島泗水市華僑紛紛走上街頭，舉行集會，升起五色旗，鳴放爆竹，慶祝中華民國的成立。荷蘭殖民當局派軍警武力干涉，開槍打死華僑三人，傷十餘人，百餘人被捕。憤怒的華僑們採取閉門罷市罷工的行動以示抗議，荷蘭殖民當局進而出動大批軍警強迫開市，又逮捕千餘人。

由於南京臨時政府尚未被荷蘭政府承認，在孫中山的主持下，臨時政府外交總長王寵惠於 2 月 21 日致電執掌北京政府大權的袁世凱，怒斥荷蘭軍警的暴行，痛陳此次外交事件「事關國體民命」，請轉駐荷蘭中國公使劉鏡人與荷蘭政府進行正面交涉，「以存國體，而慰僑望」。

南京臨時政府最終贏得外交勝利，荷蘭政府答應釋放所有被捕者，並撫恤被害華僑家屬，賠償華僑財產損失，這個結果鼓舞了一大批華人的信心，「人們因為自己是中國人而驕傲」。但令人匪夷所思的是，同樣在 2 月，美國大報《紐約時報》刊文稱孫中山是「出生於夏威夷」的「地道的美國人」。

新生的共和國之憂患不僅僅在於國內復辟獨裁統治，破壞共和的力量，還因為其從誕生那一刻起就注定生長在西方各國勢力、利益集團的虎視眈眈之下。當然，在這些外國力量中，也有熱心幫助中國推進民主、共和的「天真的西方記者」。

比如莫理循。

1912 年 8 月，在國內動盪不安的局勢下，國外的輿論認為中國將在袁世凱的手上陷入無政府狀態，並在袁世凱的內閣總理唐紹儀的離職事件上大做文章。莫理循決定離開北京，前往倫敦去作一番演說。8 月 19 日，莫理循抵達倫敦。他借助自己的關係圈在英國的報紙上發表觀點，極力為袁世凱塑造強而有力的領袖形象。在他看來，袁世凱是絕無僅有的「最適合中國的領袖」。他也因此成為袁世凱的長期幕僚。

北京兵變慘景

1912年2月29日晚8時，由曹錕統領的北洋軍第三鎮在北京朝陽門外的東嶽廟發起兵變，劫掠周圍商舖，並向城內行進。一開始被劫的只是周圍的蔬果攤販，待到這些軍人進城與城內的士兵會合後，更嚴重的搶劫和騷亂發生了，金銀器店、綢緞莊、洋貨店等均成為被搶的重災區。除了這些譁變的軍人，還有不少平民趁火打劫，據說甚至有警察參與其中，他們的目標則主要是米店和綢緞莊。這場騷亂自朝陽門始，下半夜蔓延到西城和北城，不僅商戶被搶，東四附近的商舖甚至被焚。兵匪還趁夜出京前往天津劫掠，再次造成重大損失。

不少近代史學家懷疑這次兵變係袁世凱的政治計算。當時距孫中山宣誓就任中華民國臨時大總統不足兩個月，為商議共和，孫中山派蔡元培、汪精衛、宋教仁、魏宸組、鈕永建等為專使往北京請袁世凱南下。袁氏出於自己利益的考慮，不想離開北京去南京做大總統，因而指使屬下曹錕製造兵變，造成京城恐慌，更讓因「庚子之變」而心有餘悸的駐京各國使團極為緊張，在日本大使的要求下，日軍從山海關和南滿的駐屯軍急調千多人來京。最後袁氏以京城治安未穩為由拒絕南下。兵變後的北京，約有一週都是淒涼滿街，白天之街市如同暗夜。店舖住家關門閉戶，街頭只有巡邏士兵、站崗的警察與棄置的屍體。此外就是洋人車馬往來，間或有外國記者沿途拍照，蕭條零落有如死市。

由此更加憂慮的不只是孫中山和察覺了袁世凱勃勃野心的革命黨人，還有若干西方記者和觀察家。

　　1912 年 8 月 12 日，《紐約時報》上刊發長篇報導《中國不是一個真正的共和國，而是一個新的獨裁政權》，痛斥袁世凱將要走上慈禧太后及其帝國專斷獨裁的老路。

　　與之相比較，人們更看好和尊敬的還是孫中山。

　　《中國革命記，1911—1912》的作者，英國記者丁格爾顯然沒有與孫中山直接接觸過，他明白「多年以來，全世界的人都知道孫中山是中國最積極的革命家，多年以來他都是海外革命運動的領袖」，認為孫是「極其能幹的新派中國人」，對其充滿了敬意。

　　丁格爾説，孫中山的思想與經歷已「人所共知」，無須再多費筆墨。他甚至只在書中選了一張常見的孫中山標準像。

　　照片上的孫中山氣宇軒昂，端正大方，目光炯炯，神態堅毅。《中國革命記，1911—1912》中以較長篇幅引用了孫中山以英文發表在《大陸報》上的一篇自傳，認同孫對中國革命必要性的闡述與對中國前途的設想。

　　只不過一切設想都從 1911 年底開始醞釀，並在 1912 年開始遭遇憂患的暗礁。

　　丁格爾認為孫中山的回國是眾望所歸。上海的和談會議期間，形勢緊張，很有必要由一個強而有力的人物來穩健地指導革命，「這個強者就是孫逸仙」，大家都盼他歸來。而和談破裂後，孫中山回來了，「人們都從心底裏擁護着他，認為他是一個有足夠力量在中國建立穩定政府的人物」。

　　1911 年 12 月 25 日，孫中山在萬眾企盼中到達上海。當時中外報紙紛紛傳言孫在英美得到巨款，故記者們團團將孫中山圍住，問他帶了多少錢回來。孫中山的回答是：「予不名一錢也，所帶回者革命之精神耳！」

袁世凱剪辮戎服照

1912 年 3 月 10 日下午 3 時，袁世凱宣誓就任中華民國臨時大總統，此相片為就職當天他和部份同僚的合影。他穿的仍為前清陸軍上將軍常服。南方革命黨中的激進派，不斷在揭發袁世凱「帝制自為」之圖謀，而袁則不斷澄清，一如他就任之時的宣誓：「發揚共和之精神，滌蕩專制之瑕穢，謹守憲法。」無論如何聲明，袁世凱藉着辛亥革命的衝擊力，達成了權臣篡位的結果。

共和國的異見者

　　對於孫中山倡導的共和政體，人們似乎仍有頗多懷疑。直到 1912 年 7 月 27 日，在對孫中山的採訪中，美國《獨立雜誌》（*The Independent Magazine*）的記者仍在頻繁地提出他們的疑問——「共和政體真的適合中國嗎？」「中國的政黨存在黨爭問題嗎？」當然，他們照舊刊登了孫中山自信滿滿的回答，儘管他們自己對此或許並不相信——「民主的觀念在中國一向頗為流行，沒有理由要以君主政體來妨害這種民主觀念。中國人民不但愛好和平，遵守秩序，而且也浸染了選擇自己的代表管理自己事務的觀念。我們所需要做的，只是把這種民主觀念付諸實行。我確信沒有其他政體再會在中國建立。」

　　「中國的黨、社已經太多了，最好他們能聯合成兩三個有力的大黨。每一政黨的明確政策將會隨着時間的推移而確定下來。我個人希望所有各方均應集中全力於組織新政府，並獲得其他國家的承認。」不過，一些中國人顯然並不這樣認為。

　　5 月 25 日，澳洲記者端納在一艘船上見到了一個神秘的客人。

　　　船抵大連時有若干人上船，一位旅客告訴我說在他們當中有一位達官貴人，事實上是一位閣員。我肯定不是那麼一回事，除非是外交總長從俄國回來偶然途經這裏。儘管如此，當我打聽這位紳士的姓名時——服務員告訴我他姓劉——他走進了沙龍，我也走過去同他說話。我對他說，我聽說他是外交總長，所以前來找他。他並沒有否認這種含蓄的質疑，當他用法語說他不會講英語時，我心想或許他就是外交總長，儘管我還在懷疑。我同他攀談起來，可是當我試圖問清他的出生地和當前在哪裏工作時，他避而不答。他使我相信他過去當過滿洲人的官。當我告訴他我曾經往返旅行到過北京時，他問我是否遇到過張勳。我的肯定答覆使他精神振作起來，他向我提出一連串的問題，最後終於轉彎抹角地告訴我說他是

張的一個讚賞者，希望能見到他。他最大的願望是發動一次有利於恢復帝制的復辟。他每天都在煞費苦心地琢磨這件事，我告訴他，在輪船上向各色人等公開道出心事近乎瘋狂——因為後來他還同其他一些人說過——可是我的話對他不起作用。但是這件事的有趣之處在於，這位紳士後來有一天不得不承認他就是大名鼎鼎的辜鴻銘！

此時清帝已遜位數月，保皇已成時代的笑柄，卻仍然有人為此孜孜不倦。辜鴻銘正是一個著例，數年之後，他還在北大的課堂上拖着長辮子公開嘲笑面前的一群激進的學子們：「你們剪掉了頭上的辮子，卻沒能剪掉心中的辮子。」

端納將辜鴻銘形容為「復辟狂和年幼皇帝的支持者」，而辜鴻銘對張勳的好感，很大程度上與張勳的保皇立場有關。事實上，就在端納邂逅辜鴻銘十幾天以前，另一位記者福來薩也受到過張勳的款待。福來薩的直覺告訴他「張勳是一個性格堅強的人，從他的風度和談吐上可以看出來。他的部下絕對服從命令而且紀律嚴

辜鴻銘

明。他每天嚴格地訓練他的軍隊。他身材矮小、面色灰黃，大概有四五十歲，有着低傾的額頭，這讓人聯想到他是個精力充沛、脾氣急躁的人」。不過，福來薩也發現張勳正在擴軍：「他說手下有 14,000 人。我問到是否會有所增減時，他說正在增加，這證實了當地人士所指他在招兵買馬的說法。問他關於錢的問題，他說已經籌足了，但是當地人士非常了解他還未籌足。問到他對局勢有甚麼看法，他說預料要打仗。問他是否會同黃興打仗，他說這取決於革命黨人是否很好地對待皇上。」

　　儘管張勳說得豪氣干雲，福來薩卻不認為張勳能夠有所作為，依靠這個武夫來復辟，或許終將功虧一簣：「我不認為張勳是個政治家，他有點像一條兇猛的看家狗，如果驅使得當，在需要樹立威信的地方一定是一個非常有用的人。他給人的印象是（實際上他也這樣說），他把革命黨看作敵人。他至少從北京弄到了一些錢。我敢說，除非環境使他不可能繼續維持下去，否則他是不會自己下台的。」

　　在未來的幾年間，人們就會發現，福來薩預言中的張勳正在漸漸成形。

日本公使拒絕拜見袁大總統

　　在中國的外國觀察家們大多對革命政府的領袖孫中山沒有好感。

　　讓他們最為不滿的是，孫中山並沒有對清帝的遜位條件提出太多質疑，卻突然拋開之前的談判，提出不能在北京建立臨時政府。他甚至說，皇帝應直接向在南京以他為代表的革命政府移交權力（或者說其實是投降），而不是將權力轉交給袁世凱。

　　孫中山的態度很快引起批評，被認為出爾反爾。而在莫理循看來，孫中山的變卦，應當歸咎於日本人：「日本人的態度確實讓人懷疑。」引起他懷疑的不僅是孫中山身邊的一名政治顧問和兩名財政顧問都來自日本，還有一些不為人知的

細節：「袁世凱在北京的兩名主要政敵同日本人有密切交往。袁世凱的主要敵人鐵良，長期以來同日本人關係密切。1908 年袁世凱倒台時只有日本人高興，而他的倒台要歸因於一個滿人社團，鐵良是其中最有影響力的成員。現在他又回到北京，在滿人中煽動不信任袁世凱的情緒。和鐵良一起的有良弼，他也是一個滿人，曾在日本八年，被認為是中國軍隊中受到最高級訓練的軍官，統率一支禁衛軍。」這些評述，把袁世凱放到了日本的對立面上，而孫中山則成為和前清貴族鐵良、良弼一樣的親日派。

對於心懷鬼胎的日本，莫理循始終有頗多指責，後來，袁世凱繼任臨時大總統時，日本使節不肯前往拜見祝賀，連一些大國之間的基本禮節都不再遵循，這讓莫理循非常憤怒：「從英國公使開始，差不多所有公使都晉謁過大總統。但是有兩個引人注目的例外，那就是日本公使和俄國代辦。不知伊集院（彥吉）先生是否奉命行動，固執地拒絕去晉謁袁世凱。他是唯一沒有去晉謁的公使，而且他也不會改變他反對共和政府的態度。我不明白像他這樣的人怎麼還能夠留在北京擔任公使。」日本的這些舉動，也愈發加強了莫理循對袁世凱的好感和對孫中山的惡評。

袁世凱的顧問團

袁世凱身邊不但集結了一批能各顯神通的國內人士，他也僱用了一批知名的外國顧問。這其中最有名的要數莫理循、有賀長雄、古德諾（Frank J. Goodnow）、阪西利八郎和白里索（Balliso）。這些洋師爺，憑藉其特殊的地位，親身經歷和參與着民初的那些事兒。

陳舊的袁世凱與新生的民國

　　由晚清入民國，袁世凱無疑是最大的政治明星，也是最大的贏家。不過，莫理循也注意到袁世凱所面對的時代實在太過複雜，這讓他對這個梟雄抱有更多同情：「袁世凱的日子很不好過。他累死了。他患有嚴重的失眠症，就職以來愈加蒼老。他所顯示的意志與堅忍不拔的精神不能不令人欽佩。」

　　無獨有偶，美國駐華公使芮恩施（Paul Samuel Renisch）同樣對袁世凱印象深刻。1913 年 10 月，他寫道：「他身材矮胖，但臉部表情豐富，舉止敏捷。粗脖子，圓腦袋，看起來精力非常充沛。他的兩隻眼睛長得優雅而明亮，敏銳而靈活，經常帶有機警的神情。他銳利地盯着來訪的客人，但不顯露敵意，而總充滿着強烈的興趣。他的一雙眼睛顯示他多麼敏捷地領悟到談話的趨向。」這也代表了美國輿論對中國一貫的態度，早在五年前，中國仍被命名為大清國的時候，《紐約時報》的記者托馬斯·米拉德（Thomas F. Millard）就將袁世凱譽為「清國當代最重要的人物」，「改革派人物中的第一人」，「雖然不是清國的改革之父，但他能讓改革繼續進行下去。袁世凱是清國改革總設計師李鴻章的最佳傳人，一直負責推動整個大清國的現代化進程」。進入中華民國之後，這樣的判斷並沒有發生改變，儘管袁世凱的舊身份仍然或多或少地被認為與革命格格不入。

　　不過，也有一些不同的意見。日本觀察家佐原篤介就毫不留情地指出：「沒有皇帝，袁世凱永遠無法治理這個國家。沒有皇帝，他就沒有了王牌，看看現在鬧個甚麼結果！他的命令，由於他違背了他對皇室的諾言而失去威信、不受尊重。我希望列強能認識到中國沒有皇帝是一種嚴重的事態，在中國建立共和是不可能的事。你親眼見到了北京及其臨近地區發生騷亂的實際狀況。遠東人民，特別是中國習慣於受專制君主的統治。皇帝在東方像上帝一樣，沒有皇帝就不可能把人民團結在一起。我要說，中國太可憐了！中國真是一個難以用西方思想去評價的非常彆扭的國家！」

對於莫理循對袁世凱的讚許，佐原篤介同樣不敢苟同：「我看不出留住像袁世凱那樣一個不得人心的陰謀家，怎能使你產生那樣高興的看法。有一件事是肯定的：中國已經變得比『革命前的中國』更糟。」他甚至對袁世凱作出了更為形象的評價，他說袁世凱更適合做承包商，而不是充當建築師本身：「治國猶如蓋屋。像袁世凱或唐紹儀那樣的人物，可能是有能力的承包商，但他們根本不是良好的建築師。中國具有統治人民的優良設計，那是由一些良好的建築師根據歷史經驗設計出來的，也就是說，君主政體是極其優美的組織形式。」這是一個有趣的比喻，無疑也道出了中國正面臨的嚴峻現實，大廈將傾，卻無人得拄其間，這是此刻中國最大的悲哀。

袁世凱接見美國公使

1913 年 5 月 2 日，袁世凱身穿前清陸軍上將軍常服，在總統府與民國部份官員和美國公使嘉樂恆（William James Calhoun）等人合影。前排左一為孫寶琦，右二為陸徵祥；二排左一為蔭昌，左二為梁士詒。夾在袁世凱與陸徵祥之間者為美國公使嘉樂恆。（喬治·莫理循攝）

北方派與廣東派的分裂

1913 年 1 月 1 日，中華民國開國第二年，日本觀察家佐原篤介卻迎頭潑下一盆冷水。他毫不客氣地寫道：「我對共和制的中國沒有信心，因為中國人不論地位高低，就其稟性和氣質來說，個個都是小暴君。可是在目前，每個中國人幾乎滿腦袋都是可以從共和制中得到賜福的想法，而不知道共和制為何物。他們盲目行事，和他們爭論也無用。我的看法是，對中國人撒手不管，讓他們嚐到苦痛，而後會有一個政黨出來挽救時局，喚醒並且拯救民眾。如果沒有這種人物出現，中國將陷入混亂並且永遠毀滅。」

毫無疑問，佐原篤介敏銳地察覺到了中國人的劣根性，以及中國人對共和、民主的茫然無知與莫名的渴望，這種情緒很可能引發持續的精神動盪，以及接踵而至的國家動亂。無論是對時局的判斷還是對人性的分析，佐原篤介的觀點都切中肯綮。但是，處於狂歡中的中國知識分子和民眾們，顯然不肯承認這些逆耳的忠言。

而這個具有特殊歷史意義的一天，自然也注定無法平靜。魏易在寄給《泰晤士報》記者莫理循的信中寫道：「帝國的銀行現在完全崩潰了。前行長葉先生現在上海，並且十分可能再為新政府效勞。他突然辭職引起許多猜疑。一些希望他倒霉的人竟然說他從銀行金庫攜帶 40 萬両銀子潛逃。但這純屬誣衊。他是一個革命黨人，如此而已。」銀行行長攜款潛逃，當然不僅僅是一件經濟事件，其潛在原因──「革命黨人」──無疑暗示着這個國家正面臨着陷入南北分裂的危險之中。這種危險漸漸地被外國觀察家們捕捉到，他們將此時的中國人劃分為「北方人」和「廣東人」，慶丕寫道：「廣東人『認真』起來了，極想把北方人收拾掉；有消息說北方人同樣急於要幹掉南方人。目前袁世凱能夠制止所有這些有罪的愚蠢行為。不知道究竟為甚麼他不告訴皇室他已不再為皇室效力了。如果他的坦率不會使他在一些性急的滿人手中送命的話，他至少可以體面地隱退，往日的

國民代表選舉現場

1912 年 12 月，國民代表大會的代表選舉正式開始，圖
片中是北京的一處選舉國民代表的場所，為選舉而紮
起的彩樓顯現出節日的氣氛。

罪孽也會一筆勾銷。」可惜，袁世凱並沒有像他希望的那樣急流勇退，倘若如此，或許也就不會有被奉為「中國的華盛頓」那樣沉重的盛譽，也不會有稱帝的鬧劇，而袁世凱往日和未來的「罪孽」，或許真的會一筆勾銷。

對於中國的未來，《泰晤士報》駐南京記者福來薩同樣不感到樂觀。1913年的 3 月，他發現，中國不僅陷入南北對立的格局之中，就算是南京臨時政府的內部，其權力結構也同樣錯綜複雜，而來自各方面的不滿情緒也正在日漸滋長：「這裏對於廣東人極為不滿，然而非常隱晦，讓你捉摸不到。據說臨時政府裏盡是廣東人，而所有軍官都是湖北人和湖南人。」20 多天後，莫理循也提出他的疑問：「我自己看不出中國怎能由廣東人的政府來治理。唐紹儀開始就弄得很糟，明顯的跡象是他要組成一個廣東人佔優勢的內閣，也就是說無論是各部總長還是顧問都要用廣東人。這裏的報紙上已經在說，廣東人的專制主義，比滿洲人更壞。」顯然，對於革命黨組建的政府，以及從內部暴露出來的種種弊端，都讓莫理循倍感失望。

不過，對於這種分裂的危機，一些年輕的中國人似乎不以為然。未來活躍在中國科學界和政界的重要人物丁文江，此時剛剛從英國留學歸國。在寫給莫理循的信中，他認為：「關於南方和北方之間意見分歧的大量荒謬之詞，特別是說南方軍隊不信任袁世凱的話已在四處流傳。我認為這完全是無稽之談。南方的政府不但對於袁世凱的人品非常尊重，我的眾多身居軍事要職的友人，他們全都是支持袁世凱的政策的人。有一天這個國家可能會發現軍隊（北方的或南方的）對於大總統——這個官銜也許會變成另一種稱呼——過於熱誠，這是不足為奇的。至少我聽到一位高級軍官表示說，如果我們希望這個國家統一起來，我們必須使他當上皇帝！」丁文江捕捉到的，其實是一個更加危險的信號，軍人們的忠君傳統和袁世凱的政治野心，很可能一拍即合。當然，在此刻看來，一切還太過遙遠。

袁世凱主持起草憲法

1913 年 7 月 2 日，中華民國憲法起草委員會在袁世凱
的主持下成立，此為當時與會代表的留影紀念。會上
制定了《中華民國憲法草案》，史稱「天壇憲草」，
它是袁世凱以集權為目的而導演起草的。

擁有民國天才與多重國籍的孫氏內閣

　　民國臨時政府成立後，一些在西方世界看來比較陌生的人物，開始紛紛登台。西方人意識到，他們需要與之打交道的，不再只是前清貴族和袁世凱，還有南方政府那些躊躇滿志的年輕人。

　　在《泰晤士報》中，莫理循逐一向英國讀者們介紹由孫中山組建的內閣。莫理循認為，主持總統宣誓的汪精衛，「是我所見到的最為可親的人之一，這位廣東人風度翩翩，通曉多種語言，是一個研究日本的學者，近代中國知識界的名人，中國評論界一致推崇的文章能手」。而莫理循最看重的內閣成員，則是外交總長王寵惠，「此人有非凡的語言學造詣，通曉日、英、法、德等外文。他是廣東人，但精通官話，總之，是個出色的人物。他是耶魯大學的民法博士，將德國民法譯為英文，在倫敦出版並受到好評」。對於實業總長張謇，他的評價也算中肯：「過去組織過大規模的工業和農業開發機構。張謇是個巨富，真正的工業先驅。他正當盛年，大有前途。」而對於司法部總長伍廷芳（他和唐紹儀分別是南北談判雙方的總代表），莫理循的態度則有些複雜，他一面認為，伍廷芳是「對中國刑法法典進行修改並使之人道主義化的人，擔任司法部總長，是極好的任命」，另一面又說，「此人是個笨驢，但他的正義感卻是中國少有的。他是林肯法律協會律師，出生時是英國臣民」。

　　對於南派人物，同為《泰晤士報》記者的福來薩卻有諸多諷刺：「陳其美現在是滬軍都督，他的職業是新聞記者，現在成了將軍，不久前又當上了商業總長」。至於黃興，他的評價則更低：「像黃興這樣一個人竟統治着大約四分之一的中國，是令人難以想像的。他身軀肥胖，面目呆板，講話無精打采。不過，他一定很有勇氣，否則他就不可能把八個獨立的革命派別捏合到一起，並設法保住他自己的高位」。

　　無論他們的話說得中肯與否，都生動地勾勒出了南方政府裏的人物形象和大致情形，褒貶之間暗示着南方權力結構的複雜性，對此時的中國而言，很難說是好事還是壞事。

孫中山與唐紹儀

1912年3月，孫中山在總統府會見北方議和代表唐紹
儀。唐紹儀是第三批30名被選派留美幼童之一，曾於
民初任國務總理。25日，唐紹儀到南京接收臨時政府，
組織新內閣。該內閣中內政、陸軍、海軍、財政、外交
等部均由袁世凱的親信或其擁護者擔任，同盟會只分配
到教育、農林、工商等幾個點綴性的席位。

孫中山辭去臨時大總統職務

從 1912 年 1 月 1 日宣誓就任中華民國臨時大總統，到 1912 年 2 月 13 日，也就是清宣統帝溥儀簽署退位詔書的第二天，孫中山的臨時總統生涯完結，尚不足 50 日。孫中山辭職之時提出三個條件，期望以此牽制袁世凱復辟帝制。第一，臨時政府地點設於南京，不能更改；第二，新總統親到南京受任之時，大總統及國務各院乃自行解職；第三，《臨時政府約法》為參議院所指定，新總統必須遵守頒佈之一切法制章程。

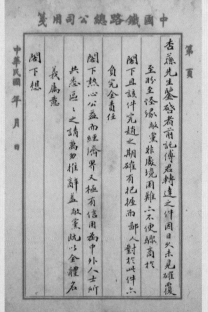

孫中山向盛宣懷借款

1913 年 1 月初，孫中山因當時國民黨財政困難，致函盛宣懷請設法借款渡過難關。盛宣懷覆函表示自己已「債台高築，有欠無存」。此信書於 1913 年 1 月，離中華民國成立不過數月，國民黨卻已面臨嚴重的經濟危機。孫中山與盛宣懷關係密切，孫曾通過他向李鴻章提出改良中國的建言。

1912 年，孫中山在專列上

1912 年 8 月 18 日，孫中山應袁世凱之邀，乘安平號輪船北上，8 月 25 日，在天津換乘火車進京。之後，袁請孫出任中國鐵路督辦，孫中山表示要「修十萬英里鐵路」。孫中山一直有一個「鐵路夢」，1912 年 7 月 4 日，《紐約先驅論壇報》記者澳洲人端納在寫給莫理循的一封信中，對孫中山的規劃也感到不可思議。據端納說，大概在 6 月底、7 月初的某天，他在上海拜訪了孫中山。孫中山走進內室拿出一張 6 英尺（約 1.8 米）見方的大地圖，並鋪在地上向他詳細介紹宏偉的鐵路計劃。端納說孫中山「手持毛筆和一塊墨，不時隨心所欲地在各省和各屬地的位置上畫滿了許多線路，線路安排完全憑臆想，絲毫不考慮現實的地理地勢」。

孫中山向日本商會籌款

這是孫中山 1913 年為革命軍籌餉，在上海橫濱正金銀行總部（今中山東路 24 號）二樓和正金銀行董事、主管們的一張合影。後排從左至右分別為：三井物產上海支店長藤瀨政次郎、戴季陶、正金副理水津彌吉、日本駐上海總領事有吉明、大秦洋行主秦長三郎、富士製紙代表野村一郎、神州大學教授守田藤之助、正金襄理津山英吉；前排左起分別為：陳錦濤、黃興、孫中山、正金銀行大股東町田德之助、正金銀行經理兒玉謙次。

孫中山雖然在 1911 年宣佈建立民國，但革命之路仍充滿重重阻礙。自武昌首義，孫中山即在美國各地發表演講，博得外交與經費上的支持。孫中山以籌款為其最大使命，在向西方諸國借款失敗後，他將希望轉向日本。

「漢陽造」創始人劉慶恩

劉慶恩從廣東水師學堂畢業後，進入漢陽兵工廠實習，後東渡日本學習機械和槍炮製作，後又赴德國克虜伯兵工廠考察。中華民國成立後，由黎元洪委任其為漢陽兵工廠總辦。劉慶恩具備兵工專家的許多特質，聰穎、專注、勤奮、嚴格而有些許高傲，他試製成功中國第一支半自動步槍，乃為著名的「漢陽造」。

時值 20 歲的毛澤東

湘鄉駐省中學畢業的毛澤東，胸中不乏閱歷，年紀輕輕就已參加過湖南革命軍。當重新思考自己的人生定位時，他認為自己最適合做教師。1913年春，毛澤東考入湖南省立第四師範學校，該校後合併到湖南省立第一師範學校。在「一師」的日子裏，面對着妙高峰和滔滔北流的湘江，聽着粵漢鐵路發出隆隆的轟鳴，一個時代的夢想就在年輕人的心裏生根發芽了。

全副武裝的民國士兵

這些士兵拍照時的動作顯然經過了設計。士兵們正在適應自己身上並不合體的軍裝與名號，如同需要適應這個正在急速變化的時代。短短一年內，皇帝退位，孫中山當了不足 50 天的臨時總統，去年還在鎮壓武昌起義的清軍統領袁世凱現在成了民國總統。

鄉間的團練武裝

這些士兵們赤着上身,明顯保留着鄉土
氣。傳教士攝影師梅蔭華讓後面幾位
拿刀的團丁擺出兇狠的架勢。奇怪的是
中間那位鄉紳模樣的人身邊是三個小孩
子,其中兩個身上纏着子彈帶。鄉紳的
任務似乎是讓最前面的小孩子拿着一束
花,擋住自己的襠部。

1912 年，紫禁城的南部

從午門向南看去，紫禁城常年無人照看，
變得牆倒草長，帝苑衰荒。

北京東單的美國聖經會

聖經會是專門印刷並發行基督教《聖經》的機構。道光十三年（1833），美國聖經會委託在華傳教士印行《聖經》漢語譯本。美國聖經會曾在上海創辦景林堂，作為中國上海市的一座基督新教衛理公會教堂，蔣介石就曾在上海景林堂受洗。

就讀於福州格致中學的孩子

這所學校是福建最早的教會學校，始建於 1847 年。

在美國的中國女學生

女性留學從社會個案發展成為被政府認可的社會現象始於
1913年。中華民國建立之初,民國政府承續了清末的留美
政策和「師夷制夷」的思想,繼續利用美國退還的庚子賠款
派遣學生留美,而女性則可同男性一起競爭官費留美。在女
性留學逐漸盛行之時,北洋政府教育部將「賢妻良母主義」
納入女性留美教育之宗旨,限制女子出國留學所學的專業。
而後,此種觀念逐步被摒棄,女子留學涉及的專業亦擴展到
政治、經濟、教育和科技各個領域,女性的社會意識在知識
的衝擊之下不斷覺醒與增強。

書畫家吳昌碩和王一亭

吳昌碩（右）為晚清民國時期文人畫大家。王一亭則為上海大實業家與書畫家。吳昌碩在60歲以前並不得志。1911年，吳昌碩終於移居上海，開始了他的賣畫生涯。當時已是上海風雲人物的王一亭對吳昌碩十分推崇，處處力捧他，一路推舉吳昌碩成為海派畫壇的領軍人物，並利用自己在日本廣泛的人脈關係，幫吳昌碩的作品在日本打開銷路。日本高島屋自1922年為吳昌碩和王一亭分別舉辦書畫展之後，兩人都受到東瀛名門望族、藏家商賈的推崇。1927年，高島屋在日本舉辦了王一亭近作展，作品上都題有吳昌碩的畫贊，此後「王畫吳題」書畫便暢行於日本。

1912 年的北京火車站

北京火車站建於光緒二十六年（1900），也即八國聯軍佔領北京時。同年，英國自行將京奉鐵路從永定門延長至天安門廣場附近的正陽門，並在附近建設車站。英國人此舉旨在保證物資供應。1901 年 11 月，京奉鐵路永定門至正陽門段的鐵路通車。光緒二十九年（1903），車站開始修建（也有說法稱車站始建於光緒二十七年，即 1901 年）。光緒三十二年（1906），車站建成後成為京奉鐵路的起點。當時法國人還在前門西側建設了另一座火車站，即京漢鐵路正陽門西車站。兩座火車站東西相對，正陽門西站漸漸荒廢，1958 年被拆除。正陽門東站一直興盛，建築也留存至今。建成時，它是中國最大的火車站。自建成到 1959 年停業，它一直是北京最大的火車站和重要的交通樞紐。車站建成導致前門地區客流量猛增，擁堵加重，促使時任內務總長兼北京市政督辦朱啟鈐拆除了正陽門箭樓北側的甕城。

1913 年，被美國卡車壓斷的中國木橋

1913 年的宋陵

照片是美國探險家蘭登‧華爾納（Langdon Warner）
在河南鞏縣（今鞏義市）的宋陵所拍攝。這個圖景在今
天已不復存在。

一位滿族婦女

從 1912 年起，滿族的地位江河日下，從曾經的統治階級淪為一個少數民族。滿
漢兩族在這個國度共同生活了數百年。雖然他們並未混居，但他們在同樣的集市
購物，在同樣的茶館喝茶。儘管如此，漢族對滿族仍然懷有偏見，視他們為「外
滿」。照片中的滿族婦女如果可以接受漢族的習俗，就可以避免偏見的眼光。但相
反，她仍舊穿着滿族服裝、戴着滿族頭飾，連去集市也要化妝。也許她的民族風俗
正在民族融合的步伐中漸漸消失，但她固守着滿族的驕傲，穿戴着民族服裝，目空
一切地看着攝影機鏡頭。

1912 年左右的大運河

兩個北京郊縣的小孩子望着運河上的運糧船。

抬着大花轎的男人

在中國傳統的婚禮中,家庭是至高無上的,而國家權威則一度缺席,從沒有國旗、領導人的照片出現在這一場合。民國政府則想廢除諸如大花轎這種無用的花銷,而建立一種強調國家的婚禮儀式。

1913 年，蒙古地區

一位戴着巨大鐵鏈的囚犯，從他小小的囚室中，走到
了陽光下。這是一個即將被處決的馬匪。他表情麻
木，無法看清他的眼睛。

清末民初的路邊小吃

美國記者在甘肅蘭州路邊攤上拍攝到吃牛肉麵的民
眾。這種古老的麵食已成為這個城市民眾日常生活的
一部份。

希望

IV

袁世凱龍袍加身的瘋狂野心，毀了自己的前途，也嚴重連累了自己的國家。1915年12月13日，在新華宮內，袁世凱按照封建皇朝的禮節，接受了文武百官的朝賀。國家在「二十一條」下走向淪陷。然而僅半年，袁世凱便在無奈與憤恨中病逝，接下來，張勳復辟，軍閥混戰，一切與共和背道而馳，中國似乎回到了盤古開天之前的混沌狀態。

1914-1915

與虛妄

袁世凱復辟前日，在自己的辦公桌前攝

1916 年 3 月，袁不但被迫下台，並且在三個月後因尿毒症不治，卒於舉國聲討聲之中，時年 57 歲。曾經擔任過袁世凱外交秘書的顧維鈞，在他的回憶錄裏對袁世凱的描述是：「堅強、有魄力，誰一見他也會覺得他是個野心勃勃、堅決果斷、天生的領袖人物……袁世凱是軍人出身，曾任駐朝鮮總理交涉通商事務衙門總辦，僚屬中也有像唐紹儀先生那樣受過新式教育的秘書和顧問，但他完全屬舊派。和頑固的保守派相比，他似乎相當維新，甚至有些自由主義的思想，但對事物的看法則是舊派人物那一套。他以創練新軍和任直隸總督知名。他是個實幹家，卓越的行政官吏、領袖人物。但不知為何他卻不喜歡旅行，從未到過長江以南。他為人精明，長於應付各種人物，但從未想把才能應用在治理國家，使之走上民主化道路這一方面。」

獨裁者的共和騙局

1914 年 5 月 1 日，袁世凱宣佈廢除《臨時約法》，頒佈《中華民國約法》。這部新的約法，完全符合袁世凱的意願，「大總統為國家元首，總攬統治權」，大總統可以任期十年，並能連選、連任；副總統則不能繼任大總統，責任內閣制和國會更是無法影響總統的權力。袁世凱以法律的名義，將權力牢牢地掌握在自己手中。

30 天後，對這份新約法的評述出現在《紐約時報》上。這篇報導題為《將袁世凱粉飾為一個愛國者》，美國前駐華外交官柔克義（William Woodville Rockhill）剛剛完成了一趟東亞之旅。他抵達北京時，被袁世凱任命為中國政府的民事顧問。他在寫給一個朋友的信中，提及新約法的諸多細節，《紐約時報》評論道：「這份約法給予總統如此廣泛和獨裁的權力，以至於『共和』在中國只剩下一個名字而已。」

柔克義卻並不這樣認為，他覺得袁世凱被誤解了。他提出，中國的議會被錯誤地強行灌輸革命黨的意願，國家的命運被交付到革命黨手中，而袁世凱的目標，則是終結這種不合理的議會，「袁世凱試圖維持共和並增強人們對國家的尊重，他解散地方議會也是出於同樣的原因」。

他還提出，袁世凱「堅決要建立一個能夠運轉自如的、受歡迎的並且有代表性的政治制度」，至於解散國民黨（或者說革命黨），則是因為袁世凱「急於承擔自己對人民無上的職責，其目的是恢復法律和秩序」。

對於中國日漸惡化的經濟形勢，柔克義也有涉及：「這看起來不可思議，面對當下的困難——純粹是因為眾所周知的、並且可以修正的原因而導致的困難——這個富有而勤奮的國家通過努力，未來應該遠不會像此刻這般窘迫。為了建造大約 6,000 英里的鐵路，去年中國已經和外國銀行簽訂了貸款合約。它的關稅達到歷史最高，超過 1912 年，為 8,300 萬兩。」這也道出了袁世凱正面臨的重重

袁世凱稱帝標準像

1915 年，袁世凱將中南海南岸的寶月樓改為新華門，中
南海的大總統府改為新華宮，一場復辟帝制的活動正在
籌備中。

危機。即便如此，柔克義對袁世凱依然懷有期望，「相信他的計劃的真誠，並將他
視為中國唯一能保衛國家的人，我們相信最終他的所作所為能夠證明這一切」。

　　《紐約時報》的這篇報導看起來只是節錄了柔克義的一家之言，報紙本身並
未表態，但主標題「粉飾」一詞，以及副標題「柔克義說中國的獨裁總統是人民
的朋友」，其實已說明《紐約時報》的立場。

袁世凱的北洋新軍軍官

只效忠於袁氏而非清廷，是北洋新軍建制中一個不容
忽視的特點。袁世凱創建北洋新軍，在不斷的安插與
培植中，黨羽日漸壯大，北洋新軍實質上成了袁氏的
私人武裝。北洋新軍的各級軍官均來自北洋政府自辦
的軍事學堂，高級軍官都由袁世凱的親信擔任。袁氏
所操練的新軍，其中灌輸的是封建忠君的思想，更以
收義子、納門生，甚至是供奉自己的長生祿位牌來操
控軍人的思想。北洋新軍視袁世凱為衣食父母，以至
於只知有袁宮保，不知有大清朝。

中華民國成立後的內閣閣員

從左至右依次為司法總長章宗祥、外交總長陸徵祥、農商總長周自齊、內務總長朱啟鈐、外交部次長曹汝霖。

莫理循與袁氏智囊團

前排右一是日本著名的憲法專家有賀長雄，前排居中為美國顧問韋羅貝（William Franklin Willoughby），二排右一為曹汝霖，二排右二為莫理循，長鬚者為孫寶琦。自袁世凱就任中華民國大總統到1913年上半年，他聘用外國顧問共計22人，莫理循則是政治顧問的首席。當時他的年薪是3,500英鎊，幾乎是《泰晤士報》工資的三倍。

新民國已被特權階層控制

1914 年 8 月 9 日，《紐約時報》的「中國視點」欄目轉載了一篇文章，題為《所有的災難都擱在袁世凱門前》，這篇文章也或多或少地體現了《紐約時報》對袁世凱和中國時局的態度。

這篇文章開宗明義地寫道：「毫無疑問，隨着共和國的建立，在過去的幾個月裏，中國的政治形勢已經開始了新的局面。」但是，這種新的局面未必是件好事。文章認為，中國進入了一個前所未有的多事之秋，在此之前袁世凱已經表明了他自己所偏好的方向，即減少民眾的權利，儘管從前推舉他執政的，正是這些熱情的民眾。

文章歷數中華民國第一年所發生的諸多動盪：民國失去了蒙古，西藏也岌岌可危。這或多或少地動搖了中外人士對共和制度的信任，民國因為領土如此輕易地喪失而飽受指責，建立一個具有內在凝聚力的共和國的希望愈顯渺茫。這不僅是民國需要面對的問題，甚至是一個世界性的命題，人們據此認為，中國的困境，無疑就是共和政體失敗的一個有力的例證。

作者隨即筆鋒一轉，將矛頭指向以袁世凱為代表的特權階層：「特別不幸的是，首屆國民政府已經被一些特權階層控制，他們無視中國的真正利益，而只是關心自己的官位，而且個人野心越來越

趙秉鈞創立了現代警察制度

1902 年，袁世凱挑出 3,000 名新軍，轉交予趙秉鈞，進行為期三個月的短期警察訓練。隨後，他率領這支隊伍開進天津城，維護社會秩序，全面負責巡警、消防、戶籍、營繕、衛生等諸多公共事務，一掃過去的混亂局面，洋人亦佩服不已。趙秉鈞的努力讓剛剛在八國聯軍面前慘敗的古老帝國挽回了些許顏面；他所創立的現代警察制度亦開始推廣，並展示出強大的生命力。然而，歷史並未就此不前。1913 年，宋教仁在孫中山的支持下當選為國民黨參議員，卻在上任之際於上海火車站被刺客槍擊殞命。順藤摸瓜，趙秉鈞作為幕後主使者的身份浮現出來。1914 年，趙於家中遭下毒暗殺，七竅流血而暴猝。

大。政府無時無刻不在進行着陰謀勾當，人們又如何期望他們去保住外蒙呢？」

這篇文章還提到了宋教仁案。關於宋教仁遇刺的原因，一直是一個歷史懸案。有人認為是袁世凱或趙秉鈞的指使，也有人認為其實是國民黨內部所為，陳其美難逃干係。而這篇報導就將矛頭指向袁世凱和趙秉鈞，認為有諸多證據證明這件謀殺案和他們有關，儘管他們都試圖與之撇清關係，但是，一些相關文件還是被印刷出來且公之於世，給這個世界歷史上不尋常的陰謀一個可信的解釋。

這篇文章看起來就像是業已失勢的國民黨一廂情願的竊竊私語，其間當然有一些偏頗，但它也反映出民國初年始終未能克服的動盪局面，內閣總理相繼辭職，袁世凱與革命黨的矛盾也日漸積累，整個國家的前景變得愈發黯淡。

反袁總部「軍務院」

袁世凱宣佈恢復帝制的舉動，激起各地強烈反對。滇、桂、粵等省隨即在廣東肇慶成立對抗北洋政府的軍務院。軍務院的主幹，左起：林虎、李根源、蔣方震、莫榮新、譚浩明、岑春煊、梁啟超、李烈鈞、李耀漢、高爾登。

日本國「二十一條」與民國的「新聞自由」

　　對袁世凱而言，最大的挑戰並不是如何化解來自革命黨的攻擊，而是如何應對來自日本的壓力。1914 年 1 月 18 日，這個壓力達到了頂峰。日本人向中國政府秘密提出「二十一條」，這些駭人聽聞的條款讓袁世凱輾轉反側，難以安眠。日本人以為，受到威脅的袁世凱一定不敢將這些高度機密的條款洩露出去，不料，20 幾天後，它們卻出現在《泰晤士報》上。一石激起千層浪，日本打算獨霸中國的企圖讓各國政府非常不滿，開始紛紛施壓。

　　這些條款是經過袁世凱授意，由蔡廷幹洩露給莫理循的，希望通過向他求援，以獲得西方列強的干預。從某種程度上說，這也是送給莫理循 53 歲的生日禮物。

　　莫理循深知局勢複雜，他並沒有直接將這個驚人的頭條新聞立刻發佈出去，而是選擇了一種迂迴的方式。2 月 7 日，他把《泰晤士報》駐京記者端納找來見面，自己卻借故要去圖書館，出門前，他整理了一下書桌上的文件，並特意在中間的文件上按了一下。端納馬上心領神會。

　　借助《泰晤士報》的影響力，「二十一

陸徵祥簽下「二十一條」替袁世凱背上黑鍋

1912 年中華民國建立，陸徵祥應總統袁世凱之命，由俄返國出任中華民國第一任外交總長，並推動中國現代外交機構之改革。他請林紓寫下「不要忘記馬關」六個大字，懸掛於總長辦公室內，以誌不忘《馬關條約》之奇恥大辱。而他，也曾遭受千夫所指，於 1915 年負責中日談判，簽下「二十一條」，成為人人喊打的過街老鼠。巴黎和會後，陸徵祥潛心宗教，成為神父；對簽署「二十一條」心感懺悔，亦提出簡短而著名之警語：「弱國無外交」。

君主立憲派領袖湯化龍

光緒末年進士，自費留學於日本法政大
學，學成法律歸國，任湖北諮議局籌
辦處參事，後任議長。1911 年 10 月武
昌起義後，及時應變，參與組織湖北軍
政府，並通電敦促各省諮議局響應革命
（一說通電係革命黨人借其名所發）。
繼與胡瑞霖等擬定《都督府組織條
例》，又獲任政事部長，因爭權奪利，
在革命黨人內引發不滿，旋改其為編制
部長。漢陽失陷，隨黃興往上海。1912
年南京臨時政府成立，委以法制局副總
裁而辭不就。1913 年始，成為袁世凱
獨裁事業的支持者與鼓吹者。1915 年
曾反對袁世凱稱帝，避居天津。1918
年在加拿大維多利亞香花樓中餐館樓
下，被孫文系的革命黨人王昌槍擊暗
殺，王昌亦於當日自殺。

條」很快鬧得滿城風雨。日本方面要
求中國加強新聞審查，外交總長陸徵
祥卻回答：「現在已不再是滿洲人統
治的時代了，中國人已經享有新聞自
由。」

中國人日益高漲的反日熱潮很快被
西方世界捕捉到。1915 年 6 月 10 日，
《紐約時報》注意到，中國成立了知恥
社和救國儲金團，旨在募集 5,000 萬資
金支持民族經濟發展，而捐款人則涵蓋
了社會的各階層，無論貧富。一週後，
《紐約時報》繼續寫道：「非常多的中
國人內心裏充滿恥辱、深重的憤怒，以
及精神上的仇恨，這就導致抵制日貨運
動事實上已經沒有必要了，因為人們已
經決定盡可能不再購買日貨。」抵制日
貨運動很快獲得成效，一度讓日本外貿
遭到巨大的打擊，1915 年上半年，日
本對華出口同比下降 1,790 萬美元。

美 國 參 議 員 沙 斯 伯 雷（Willard
Saulsbury Jr.）在出訪中日兩國時，十
分驚訝地發現，中國抵制日貨的運動竟
然擁有了非常完善的組織。《洛杉磯時
報》（The Los Angeles Times）則注
意到，在抵制運動的街頭，出現了一

些新的標語和口號，例如「中國人用中國貨」。這是一個有趣的口號，反日也逐漸為中國民族工業帶來了一線生機。

　　然而，迫於日本的壓力，抵制日貨的運動僅僅持續了半年，當年 7 月，北京政府就被迫禁止了這項運動。不過，這些抵制運動被迫取消，不僅與北京政府有關，也是國際形勢使然。此時，「一戰」已在歐洲蔓延，歐洲各國經濟都受到巨大的破壞，它們只能到亞洲市場來尋求供給和幫助，於是，亞洲的經濟強國日本就一躍成為最重要的工業供應地。上半年原本受挫嚴重的日本外貿市場迅速獲得來自歐洲的大量訂單，日本的出口繼續攀升，而「一戰」的影響也讓中國難以招架，不得不對日本重新打開市場，在政治和經濟上，最終都讓日本得逞。

英、日軍官在重炮前合影

1914 年，日本與德國為爭奪青島以及周圍島嶼，在中國山東省進行了一場戰爭。由於德國和英國在歐洲戰場正在進行着第一次世界大戰，所以英軍和日本結為盟友。日德戰爭是一場被人遺忘的戰爭。這場戰爭的性質和十年前爆發的日俄戰爭一樣，也是一場兩個帝國主義國家為爭奪在華利益而在中國國土上進行的戰爭。當時的中國政府再一次實行局外中立，眼看着兩頭帝國主義怪獸在中國的大地上廝殺。

袁世凱的來信

　　無論革命黨怎樣憤恨疾呼，中國還是漸漸獲得了政治上的穩定和名義上的合法性，對這個千瘡百孔的國家而言，當務之急無疑是休養生息，發展經濟。而面對來自日本的威脅，中國也一直在尋求更多的盟友和幫助。對此，袁世凱當然深明於心。

　　1914 年 9 月 28 日，《紐約時報》刊登了兩封書信，標題為《來自中國的示好消息》。報導稱：外貿商業代理聯盟成員訪問中國，並帶回了中國總統袁世凱的書信。袁世凱希望他們能夠為他的政府提名一位商業顧問，以應對中美兩國迅速增長的商貿往來。

　　第一封信來自袁世凱。他首先表明，尋求商業合作乃是全世界的大勢所趨，製造業的重要性更是不言而喻：「伴隨着不同國家之間更加緊密的商業往來，全世界的經濟生活正在進入新的發展階段。如今，負責生產的農民和負責運輸的商人，都依賴於製造業者的工作，來作為他們的支點。」此外，袁世凱也指出，美國製造業的成就有目共睹，「據我所知，貴聯盟以鮮明的原則為基礎，並為貴國工業的一些特殊分支的發展提供科學知識。美國製造業的進步日新月異。這是一項我樂於效仿並且非常羨慕的工作」。

　　隨即，袁世凱話鋒一轉，對中國和美國進行了對比：「中國和美國一樣，幅員遼闊，人口眾多，物產豐富。這片大陸上每一個角落的商業都非常繁榮。工業發展擁有非常美好的未來。中國派往貴國去接受教育的留學生們，大多數專注於技術的學習研究。巴拿馬運河的開放，形成一條新的貿易航路，成為提升中美兩國貿易發展的另一個因素。貴聯盟的來訪，給了我們一次促進彼此友誼、加深彼此了解的機會。毫無疑問，中國人民和美國人民的合作將會繼續加強，並開啟世界經濟的新階段，不僅中美兩國將從中受益，整個世界的和平也將由此獲得長足發展。」

顯然，袁世凱希望與美國建立起穩固的商貿聯繫，這種訴求對雙方而言，都是有利的。因此，美國方面立刻給予了熱情洋溢的回應，《紐約時報》也刊登了這封回信：

您在 1914 年 8 月 20 日的來信，已經通過我們聯盟的成員阿爾伯特‧斯諾登（Albert A. Snowden）轉交給我們，您對聯盟的高度讚許，是我們極大的榮幸。這慷慨而充滿理解的善意措辭，以及閣下對國際合作、進步、繁榮與和平所發出的寶貴聲明，將會通過公共媒體立刻傳遍整個美國。

雙方的相互示好，無疑正是時代的需要。而無論是中國還是美國，很快都會見證這種經濟力量的偉岸之處。

中華總商會訪問美國

中華總商會創立於 1900 年（光緒二十六年），其會員以製造商、貿易商和各服務業公司為主，旨在通過互助合作，攜手拓展業務。貿易活動在民間，在中外商貿起起伏伏中，民間商會的開拓、修復能力，及時地維護了中外經濟交往的持續平衡發展。這張拍攝於 1915 年的合影，是中華總商會訪問美國的最為原始的紀錄。

新女性的代表：
中國第一位女留學生

1915 年，一位訪問美國的中國女性受到了《紐約時報》的關注。她叫金韻梅，又名金雅妹，是近代中國的第一位女留學生，早在 1881 年就留學美國，回國後一邊行醫，一邊進行醫學教育。她被視為中國新女性的代表。

通過金韻梅的講述，美國記者了解到幾年前創辦的天津北洋女醫學堂，金韻梅是那座學堂的堂長（校長）兼總教習。中國之所以會有專門培養女醫生的學堂，是因為「中國婦女不願意接受男醫生」。這座學堂致力於培養女醫生和護士，她們中的部份人後來還到美國學習醫學。而金韻梅這次訪美，將會逗留一年，向美國公眾介紹她的工作，並訪問美國的醫院。

對於金韻梅，美國的讀者其實並不陌生。《紐約時報》上曾刊登過數篇文章，介紹這位「典型的中國進步女性」，推崇她是「當今世界最傑出的女性之一」。

金韻梅所代表的中國女性身份，無疑也是《紐約時報》的記者熱衷追問的話題，希望通過她的見聞與見解，來了解中國女性的處境。

1913 年，金韻梅就在回答《紐約時報》記者的提問時，為東方女性辯護道：「東方女性含蓄，傾向於自我思考，而西方女性則喜歡在公眾面前展示自己。」而對於記者質疑許多中國女性參加革命暴動，金韻梅則提出：「她們並非中國婦女參政者的代表，你可以掰着手指數出中國婦女參政者中的好戰分子。婦女參政運動在中國聲勢很大，但你們聽到的並不多，因為中國女性在默默地為此理想而努力，暴力方式與中國女性的天性相違背。」她續說：「中國出現一些愚蠢的好戰女權運動者，原因是她們誤解了共和政府的宗旨。革命之後中國出現了社會動盪，壓迫了中國人三個世紀的清王朝的倒台使不少人迷惑，共和國建立後，他們的感覺就如同以往被困在牢籠裏的小鳥終於獲得了自由。他們認為可以

用自己的方式去做任何事，其中一些人無視法律和社會秩序。正是在這個短暫的對共和制誤解的期間，中國少數女權主義者使用了暴力的方式。」

事實上，中國也一直試圖提高女性的地位。在 1915 年 11 月 7 日的《紐約時報》上，作者就指出，民國已經在廢除婦女紮腳的陋習。扔掉紮腳布的中國女性，正在尋找自己獨立行走的方式。而次年的《紐約時報》則刊登了一篇袁世凱在臨終前寫下的文章：「婦女的教育問題，應該被認為是最迫在眉睫的問題，因為這個國家的每個人，都是婦女所生育，婦女是這個國家的母親。」而天津北洋女醫學堂的創辦，也足以昭示女性獨立地位的提高和這個國家對女性的尊重。

金韻梅

民國初期的教會女子學校

民國時期的女子教育體現出三個顯眼的要素——教室設計上的西式學術標準、眾多的中國女孩子在同一個學習環境中，以及教室後方懸掛的耶穌畫像以象徵傳教士的存在。所有這些都明顯地突出了中國在那個時期將要發生的變化。在傳教士的幫助下，許多中國學校向女子開放。然而，非基督教徒的中國人並不願意接受外來者強加的教育觀念。因為很多家庭擔心受過教育的女子會失去賢良淑德的本性，所以女子教育面臨的挑戰，就是讓這些傳統的強硬派相信接受教育是有益的嘗試。儘管如此，傳教士堅持傾其努力，招收來自社會底層經濟困難的女孩子，期盼讓中國婦女樹立一種全新的尊嚴。

古城西安大街

這座自隋朝以來就建成的大城,街道寬延,南來北往
者絡繹不絕。

1914 年的上海黃浦江

黃浦江上的鐵船擁擠，上海已成為遠東地區
最大的貿易港口。

1914 年的西安老城牆

護城河蜿蜒而過,人們在河邊浣衣、玩耍。一棵樹遠遠
地望着土色老城,一隊百姓正在進城出城。600 年的老
城牆的牆面略有剝蝕,但看起來仍然堅固。高大的城牆
下,人們如螞蟻一般,這樣的場景每天都在上演。

1914 年，居庸關

1913 年至 1915 年，美國地質工作者斐德克·克拉普
（Frederick G. Clapp）開始遊歷中國內陸各地。1914
年，他與朋友們來到居庸關長城。破敗的長城上，幾
個鄉村小孩子拿着玩具與這些洋人合影留念。萬里長
城對於西洋人仍是一個神秘工程，但他們到來時，這
座長城已如當時的中國一樣，陳舊朽爛。

1914 年，山西晉北

站在高聳的古橋頂上的美國探險者與他的隨從。
（斐德克·克拉普攝）

山陝交界處的古城門洞

城門上面寫着「秦晉鎖鑰」。進出的人們在門洞處相互避讓。讓美國地質工作者斐德克·克拉普好奇的是，這些古城很大，但門卻很小。這個秘密直到他離開中國時才得以知曉：門洞小是為了在打仗時利於防守。

1914年2月，山西蒲州

黃土深溝裏，一位官員與他的衛隊正在艱難地行進。有個隨從推着那個年代罕見的獨輪車，周圍是貧瘠的荒山。〔美國探險家弗蘭克・尼古拉斯・邁耶（Frank Nicholas Meye）攝〕

太原晉祠

在晉祠門外盤着一條大龍的柱子下，有兩位站崗的士兵。晉祠位於太原市西南 25 公里的懸甕山麓，是祭祀西周晉國首任諸侯唐叔虞及其母后邑姜的祠宇。

1915 年和田東干族指揮官

新疆和田東干族軍事指揮官馬將軍與他的士兵們的合影。駐守在邊遠地區的馬將軍的旗幟上有多得數不清的一長串頭銜。他為自己繡了兩面與 1915 年新政府的氣象不太相符的大旗。他若有所思地閉上眼睛，身後站着兩個掛大刀的衛兵。

一隊手持木棍訓練的童子軍

隨着中華民國的誕生，在 1912 年 2 月 25 日，嚴家麟於武昌文華書院成立中國第一個童軍團，童軍運動快速推廣至整個中國。1913 年，上海華童公學校長康普（G. S. F. Kemp）舉辦童子軍教育會議，會上決定採用中華童子軍之名稱，並成立上海中華童子軍協會以推廣童軍運動。1915 年，第二屆遠東區運動會在上海舉行，運動會期間有多達 300 名童軍成員參與運動會的服務工作，負責維持會場秩序、協助辦理場務，同時表演童軍操法、救護、旗語、炊事等各項技能。各地人士逐漸認同童軍教育的重要性，他們決定組織中華全國童子軍協會。

1914 年長沙雅禮學堂

1906 年，美國雅禮協會（Yale-China Association）在
長沙創立雅禮大學堂。「雅禮」之名出白《論語·述
而》「子所雅言，詩書執禮」，同時亦是 "Yale"（耶
魯）的音譯。雅禮學堂於 1906 年招收了 53 名拖着長
辮子的男生。到 1914 年開始招收本科生。與其他由傳
教士創辦的大學一樣，雅禮學堂亦有諸多外國教員教
授英語、西方科技等課程。這是一個世紀以前耶魯與
中國結下的情緣。

漢口，一堂西醫課

他們桌子上擺放着一架顯微鏡。三個學生很明顯剛剛剪掉辮子，有兩位頭上還披散着剛剪除不久的辮髮。這個由英國倫敦會傳教士楊格非（Griffith John）於 1866 年在漢口創建的「仁濟醫院」，是中國華中地區最早的西醫院。1906 年，中國醫生開始參與仁濟醫院的工作，其中有葉克誠、胡凱斯等名醫。這所醫院是 150 年後的華中科技大學同濟醫學院附屬協和醫院的前身。

戴聞達教授 惠存

弟陳煥章敬贈

康有為的學生陳煥章

1912 年陳煥章歸國，模仿基督教建制在上海創「孔教會」，任總幹事，康有為任會長，名噪一時。是年，陳煥章被聘為袁世凱總統府顧問，與嚴復、梁啟超等聯名致書參眾兩院，請定孔教為國教。他在就職儀式上，將這張着孔服的照片，贈送給荷蘭漢學家戴聞達（Jan Duyvendak）。1915 年因反對袁世凱稱帝而離京返鄉，從此孔教式微。

IV 希望與虛妄

孫中山與宋慶齡西式
結婚照

1913年，孫中山發動的武裝
討袁「二次革命」流產之後，
孫亦開始了東渡日本的流亡生
活。宋慶齡的父親宋嘉澍、大
姐宋靄齡亦相伴前往，幫助處
理英文事務。時值宋慶齡從美
國衛斯理安（Wesleyan）女
子學院學成歸國，亦前往日本
協助孫中山工作。一位是革命
之父，一位是思想先進的新女
性。在日夜的陪伴與革命熱情
的薰染下，二人甚為契合，心
生愛意。1915年3月，孫中山
與分居多年的妻子盧慕貞辦理
了協議離婚。同年10月25日，
孫、宋二人不顧宋家親友的阻
撓，於東京律師和田瑞家舉行
了婚禮，知友廖仲愷和日本友
人山田純三郎前往祝福。十年
婚姻，二人以愛侶、同志身份
相伴，勝過無數歲月。

孫中山與宋慶齡中式
結婚照

宋慶齡和孫中山的婚事遭到宋嘉澍等人的極力反對，因為孫比她年長 27 歲，而且還有了一兒兩女。只有當時還在美國讀書的宋美齡對二姐表示支持。宋慶齡被軟禁在上海家中，但她從窗口逃出，隨即奔赴日本。孫中山離婚後，兩人於 1915 年 10 月 25 日在東京結婚，宋嘉澍趕到日本，但未能及時阻止婚禮。宋慶齡其後向斯諾（Edgar Snow）回憶說：「我父親到了日本，把孫博士大罵一頓，我父親想要解除婚約，理由是我尚未成年，又未徵得雙親同意。但他未能如願，於是就和孫博士絕交，並與我脫離父女關係。」

婚後宋慶齡與弟妹合影

1915 年，宋慶齡（右）在婚後與自己的弟弟宋子文、妹妹宋美齡合影。居中的宋子文此時還沒有走上中國的政治舞台。宋子文的大姐宋靄齡為孔祥熙夫人，二姐宋慶齡為孫中山夫人，三妹宋美齡為蔣介石夫人。三姐妹嫁給當時最顯赫的三個政治人物，這在世界上也沒有先例，中國四大家族中的前三大家族都是親戚。

顧維鈞與第二任夫人唐寶玥

顧維鈞為中國外交傳奇人物。其先後有四位夫人。第一任夫人張潤娥為包辦婚姻，顧氏並不贊同，最後以仳離收場。第二任夫人唐寶玥（唐紹儀之女）早逝，但這段婚姻卻令顧維鈞成為民國巨頭之婿，又不至於和老丈人榮損與俱。第三任夫人黃蕙蘭是印度尼西亞富商千金，精通六門外語，不僅使顧氏多財善舞，還培養了他的時尚品位。然而黃蕙蘭有「公主病」，還傳出她與狗肉將軍張宗昌私通的新聞；這時，顧維鈞也和外交部的嚴幼韻產生感情，故張學良曾說兩人在北京「各忙各的」，又說黃蕙蘭曾在牌桌上拿起茶杯從頭向丈夫澆下去。顧維鈞轉職海牙時，結束了這段 36 年的婚姻，與嚴幼韻結縭。旅美的顧氏全賴嚴幼韻照料，甚至學會跳社交舞健身，並以 98 歲高齡壽終。顧維鈞說，這四段婚姻一主命、二主貴、三主富、四主愛，誠然。黃蕙蘭晚年留下回憶錄《沒有不散的筵席》，1993 年於百歲生日當天去世。嚴幼韻於 2017 年去世，享年 112 歲。

民國街頭的戒煙酒茶會

1915年1月1日，一家叫做悟真堂第一號的小店，在北京街頭舉辦戒煙酒茶會，作為對新政府新生活運動的響應。民國時期，政府為禁絕鴉片煙毒曾做過很多工作。民初，政府即發議案要求「各省情況不同，應由督撫提交各省諮議局妥慎斟酌辦法，作為本省單行規則，一律施行，務以能達禁煙（鴉片）之目的為止」。隨後又提出銷煙限證管制、煙民登記制度、設立戒煙所等一系列措施。到20世紀20年代，有的省市採取強制手段，對售毒者以違法治罪；民間收繳煙槍煙具，公開予以銷毀；吸毒者被強制禁戒。這些措施有力地限制了煙毒的氾濫，禁毒取得了一定成效。在禁毒的號召聲中，甚至擴大至禁吸捲煙。

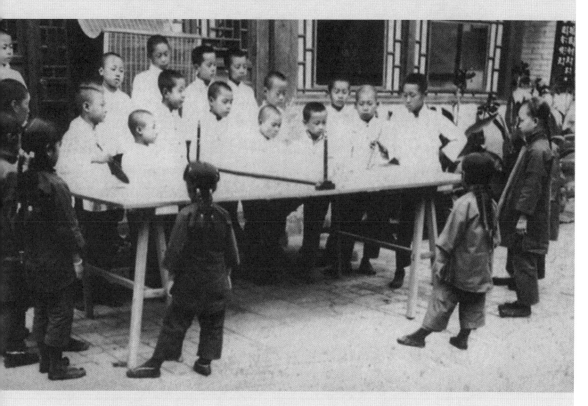

乒乓球進入中國

1915年，京師公立第二十八國民學校的乒乓球遊戲照片，這可能是
最早關於中國開展該項運動的影像。百多年以來，乒乓球得以傳承
並發揚光大，最終成為中國的國技。大多數男孩已剪去了長辮，留
着整潔統一的小寸頭。他們專注地凝視着球枱，被那顆回旋的小球
所吸引，外面的世界再混亂，童年還是那樣純真。第二十八國民學
校即現在的北京市西城區新街口大三條小學，百年間經歷了多次更
名、易址，在風雨飄搖中保存至今。

廣東一個傳統富商家庭合影

這個擁有九個孩子的家庭,有八個女孩子,他們唯一的男丁,打着一條那個年代少見的領帶,站在男主人與戴眼鏡的貴婦中間。女孩子們着裝得體,顯示出良好的教養。

民國,七口之家的成員合影

引人注目的是男人們頭上款式各異的三頂帽子。(弗蘭克·尼古拉斯·邁耶攝)

上海，修理排污河

吳淞江，中國上海市區內河段習稱蘇州河，河長 100
多公里，水災頻仍。1861 年起，機器挖泥船開始用於
吳淞江的河道疏浚。1914 年 6 月，江南水利局成立吳
淞江水利工程局，開始分段疏通吳淞江下游區段的河
流。治污排污，在當時的上海已成為文明的象徵。

紙紮小人和福特汽車

喪葬制度也與時俱進，民國隨葬的紙紮竟然出現了福特汽車。

唱戲「童子功」

清末民初小女孩綁着腳學習唱戲。

陝北高原上，一位麥客端坐在無垠的
麥田前

「麥客」是中國地處黃土高原的陝、甘、寧三區特
有的現象，尤其陝西關中居多，已經延續了近百年
歷史。每到麥收季節，麥客們就帶着一把鐮刀和被
褥走出家門，走鄉串戶，替人收割麥子，以換取微
薄的薪水。現在，這種傳統的勞動方式已經很少見
了，不過它卻成為一種具有地域代表性的文化。

IV 希望與虛妄

「一戰」結束，北京學生發起「公理戰勝」、「當仁不讓」、"Militarism Must Go" 的遊行。北京大學在天安門前搭台演講數日，蔡元培發表了題為《黑暗與光明的消長》的演說。他說：「生物進化，恃互助不恃強權。此次大戰，德國是強權論代表。協約國互助協商，抵抗德國，是互助論的代表。德國失敗了，協約國勝利了，此後人人都信仰互助論，排斥強權論了。」中國想當然將自己視為戰勝國，而所謂公理戰勝強權只是假象。虛弱的中國在實力上遠遜於歐、美、日。這一場慶祝只不過是為下一輪的利益瓜分奏響的序曲。

1916-1918

尋路

1916 年，各地討袁大軍日起

革命派自二次革命以來反袁運動未曾間斷，北洋派兩大主將段祺瑞
與馮國璋對袁氏稱帝也心有不服，立憲派代表梁啟超對袁氏亂政亦
頗有不滿，三股勢力合流，展開了聲勢浩大的反袁運動。袁世凱自
登基之日起，從未真正享受過皇帝的萬聖無憂。當發現包括北洋派
馮國璋在內的五位將軍和各省都督聯合簽署的反袁密電，加之尿毒
症發作之折磨，袁世凱終在窮途末路中絕望心冷。

誰是中國的摩根

誰才是真正能夠拯救中國的力量？所有人都在企盼，也都在猜測。

1916 年 6 月 4 日，《紐約時報》刊登了梁士詒的文章《君主立憲制是中國的選擇》，由伍廷芳的兒子伍朝樞翻譯。《紐約時報》的編輯特地在文章前面寫了一段題記，介紹作者梁士詒——這位中國權臣顯赫的人生經歷，「梁士詒的政治實力體現在他對北京政府的控制上。他能夠對當局各個部門的事務施加影響。他巨大的個人影響力及對中國銀行業和鐵路系統的控制，使得他擁有取之不竭的權力資源」。編輯還說：「最近的帝制復辟運動，有人認為是他策劃的。在共和制度下，他能擁有更大的權力，但他沒這樣做，從而更證明他對帝制的擁護。」

梁士詒是光緒年間進士，曾擔任翰林院編修。後來在求賢若渴的袁世凱的邀請下，出任北洋書局總辦，從此仕途日進，清帝遜位前已經擔任郵傳部大臣，民國以來由袁世凱總統府秘書長進而出任交通銀行總理、財政部次長，成為「交通系」首腦。

在這篇文章中，梁士詒提出，在南方發起的反對袁世凱復辟的叛亂，是有人故意而為之，絕不能代表國民的意願。而對於千百年來習慣了忠君思想的中國人而言，只有實行君主立憲制，才能將國家從持續的動盪與危難中解救出來，因為這種動盪不僅是內外交困的時局造成的，也是共和制一手造成的。因此，梁士詒大力倡導恢復帝制，但需要對帝王權力有所約束，實行君主立憲。

《紐約時報》將梁士詒譽為「中國的大腦」、「王座背後的權臣」，而美國駐華大使芮恩施對他則有一個令美國人更加印象深刻的比喻——「中國摩根」。他早就將梁士詒視為北京政府裏僅次於袁世凱的第二號人物，「北京最能幹和最有勢力的人」。

事實上，這已不是美國人第一次用金融大鱷摩根（John Pierpont Morgan）的名字來比喻中國人。就在一年前，1915 年 6 月 6 日，同樣是在《紐約時報》

梁士詒參加「一戰」勝利慶祝典禮

梁士詒，廣東三水人，民國以來長期身居要職。「一戰」期間，他作為袁世凱的心腹，參與各種機密決策，在政壇縱橫捭闔，同時手握財權，有「財神」之號。梁氏雖善弄權術，但目光遠大，視野開闊，見解獨到，被一些外國觀察家稱為「中國的馬基雅維利」。梁篤信德國寡不敵眾，必敗無疑，呼籲中國當機立斷，主動參戰。為促中國直接參戰，梁士詒以其商人之精明、政治家之敏感及外交家之高瞻遠矚，在1915年別出心裁地提出派遣華工支持協約國的構想，稱之為「以工代兵」戰略，這在中國尚屬首次。「一戰」烽火一起，袁世凱下令，凡外交重要事件，「梁士詒參與一切」，因此有「二總統」之稱。戰事如梁所願，梁在慶祝典禮上更加自信，昂首挺胸、榮耀滿懷。

上，記者就把採訪對象張振勳冠以「中國的摩根」之名。當時，張振勳作為中國商會聯合會訪美代表團團長，前往美國訪問舊金山世博會，並率領成員們拜訪白宮，與美國總統威爾遜（Thomas Woodrow Wilson）傾談。《紐約時報》指出這位「中國最富有的金融家」不僅是中國商會聯合會訪美代表團團長，還兼任民國總統顧問、農商部高級顧問、南洋宣慰使、中國內河港口籌委會高級專員。「中國的摩根」之所以引起美國輿論界的興趣，不僅在於他的官方身份，更在於他帶來參加舊金山世博會的展品──他在 1892 年創辦的中國第一家葡萄酒廠張裕公司的四款葡萄酒──「可雅白蘭地」、「紅玫瑰葡萄酒」、「瓊瑤漿（味美思）」和「雷司令白葡萄酒」竟在這一屆世博會上連奪四枚金質獎章，這讓有着漫長葡萄酒釀造史的歐美國家頗感驚訝，與早年在世博會上獲獎的那些諸如絲綢、茶葉之類的中國傳統手工藝品不同，這次中國國產品牌用另一種方式證實了自身的創造力。而張振勳面對美國記者的提問也侃侃而談，他特別指出，中國作為全世界人口最多的國家，正承受着來自日本軍國主義的巨大壓力，同時，如果美國選擇在此時向遠東地區加大經濟投入和商貿往來的話，將是絕佳的機會。毫無疑問，這都是大洋彼岸的美國政客和商人們所關心的話題。

不過，《紐約時報》似乎仍然感到對張振勳的讚譽不夠到位，一週後，又刊登了一篇關於他的報導，這次將他形容為「中國的洛克菲勒」。其實，無論是「中國的摩根」還是「中國的洛克菲勒」，在動盪的局勢面前，都已很難力挽狂瀾。

日軍首次在鄭家屯向中國軍隊 28 師開火

　　張振勳呼籲美國關注日本對中國的侵略行徑，這種情形正一天天加劇。而袁世凱在諸多方面的陽奉陰違，更是讓日本非常惱火，從而加快了日本對中國步步緊逼的節奏。

　　1916 年 3 月 7 日，日本內閣決議推翻袁世凱，同時默許日本民間向中國南方的討袁軍隊提供支持，日本希望藉此機會建立起自身在中國無與倫比的地位。與此同時，日本則與俄國簽訂協議，要求獲得中東鐵路的部份權益，同時互保遠東利益，禁止第三國影響日俄在遠東的利益。一切安排妥當後，一場危機轉瞬即至。

　　8 月 13 日，日本人在吉林鄭家屯鬧事，憤怒的 28 師士兵與日本人發生了衝突，此後，20 多名日本士兵與 28 師士兵開戰，雙方各有死傷。事後，為避免危機進一步升級，中方前往日本軍營致歉，日方要求 28 師立刻撤離，28 師遂到城外駐紮，但事件並未結束。次日，蒙古獨立分子巴布扎布前往與日方接洽，接受日方提供的武器。幾天後，日本援軍陸續趕到鄭家屯，並提出：「從鄭家屯到四平街，不許華人進入，違者格殺不赦。」

　　事件還是失控了。

　　《紐約時報》也在密切關注這件事的進展。8 月 17 日，《紐約時報》上刊登的報導寫道，事件的原因是為了阻止日本軍隊向被中國驅逐出蒙古的毒販非法出售軍火，日本軍隊試圖進入蒙古，這個企圖被中國官員挫敗了。

　　根據《紐約時報》的統計，在「鄭家屯事件」中傷亡的人數是：中國傷亡50 人，日本 15 人受傷，有 10 名日本人被殺。

　　《紐約時報》指出，日本新任駐華大使已經前往中國外交部討論解決鄭家屯事宜。而值得玩味的則是，俄國駐華大使也向中國外交部提出抗議，認為蒙古委派代表參加中國國會違反了俄中條約的精神。俄國此時的態度，也反映出日本此

前安撫俄國的手段已經初見成效。

這場衝突持續了近一個月，9月2日，日本向中國外交總長陳錦濤提出解決「鄭家屯事件」的條件，除了嚴懲參與衝突的 28 師官兵，將所有將領免職，向日軍道歉之外，還提出在南滿所有地區駐守日本警察，該地必須聘請日本人為軍事顧問和軍事教授。中國正一步步深陷於日軍佈下的陷阱，終於難以自拔。

張勳的辮子軍與短命的復辟

「一戰」正酣，中國內部同樣暗潮洶湧。1916 年 6 月 6 日，袁世凱因尿毒症去世。這位舊時代的新改革派，是清國的背叛者，也是民國的締造者之一。他用 500 萬兩白銀做了一筆世界歷史上最划算的政治移交生意，用他的話來說就是，如果戰端一開，500 萬兩只不過是戰爭花費的一小部份。他是帝制的反對者，最終卻又成為帝制的最後殉葬者。他是中華民國總統，卻又背叛自己，成為中華民國的最初與最後一位皇帝。

這位革命的總統與反動的皇帝，其死亡也是一個謎，早在 3 月 27 日，袁的身體即出現病狀，報載「袁病失音，疑係中毒」，6 月 6 日上午 10 時 15 分袁逝世。袁謝世之日，他的書案上有他親

袁世凱病逝於北京

1916 年 6 月 6 日，袁世凱病逝。他的家族一直都存在「活不過花甲」的怪圈，袁世凱生前企圖用迷信的方式破解這個怪圈，結果本人依舊沒能活過 60 歲。直到今天，袁世凱的老家河南項城仍流傳着一件軼事：當地聲望頗高的相命大師稱袁不會超過 58 歲，只有龍袍加身方能化解。袁聽後並無他言，只是相命大師之後一命嗚呼。很快，袁世凱不顧天下人的反對而稱帝，只是仍未能活過命中注定的 58 歲。

筆書寫的一句話：「為日本去一大敵，看中國再造共和。」儘管他在遺囑中說「余之死骸勿付國葬，由袁家自行料理」，但繼任者黎元洪則以「民國肇建……（袁世凱）奠定大局，苦心擘畫，旰夕勤勞，天不假年……所有喪葬典禮……務極優隆，用符國家崇德報功之至意」，命國務院為袁世凱舉辦一場集古今中外皇庶官民新舊典章於一身的國葬。令全國各官署、軍營、軍艦、海關於 6 月 27 日下半旗、6 月 28 日出殯日下半旗一天，鳴炮 108 響，京師學校當日停課。

袁世凱去世後，黎元洪繼任總統，但他和總理段祺瑞始終不睦，「府院之爭」升級。1917 年 5 月 21 日，黎元洪下令免去段祺瑞的職位，段祺瑞憤而出走。黎元洪則向始終宣稱忠於清廷的辮子軍首領張勳發出邀請，請他率軍進京維持秩序。

進京的張勳並沒有和黎元洪合作，對於這個始終懷抱復辟夢的將領而言，這正是一次天賜良機，他如願將廢帝溥儀從皇宮中請出，公開復辟。不過，這場短命的復辟很快引起各方面的反對，迅速夭折。

1917 年 7 月 11 日，《紐約時報》報導了張勳復辟的失敗，認為這場失敗其實在所難免。報導說，張勳的辮子軍在豐台附近被打敗，撤回北京，先撤到天壇，後來又進入皇城。但這些殘兵敗將又遭到皇城警察和憲兵的抵制，他們要求張勳離開皇城，否則將不惜動用武力抵抗。《紐約時報》方面也提出，張勳之所以會作這樣的選擇，是因為他想拿中國最珍貴的古老建築當作自己的護身符。

張勳一度試圖負隅頑抗，拒絕接受外國使節們的建議，不願解除武裝，但大局已定，這種態度也無濟於事。張勳已經處於十面埋伏之中，曹錕的軍隊扼守着北京城的西路，段祺瑞的軍隊在東南方，張家口的駐軍則守住西北方，此外，還有許多外國軍隊也加入了這場圍城之戰。對於這場近乎圍剿的戰爭，作者用一個戲謔的數據對比說明了它的荒誕結局：「共和軍聲稱他們擊斃了 500 個辮子軍，還打傷了很多人，但是，根據外國目擊者的估計，雙方傷亡人數各有十人左右。」

這是一場力量懸殊的戰爭，媒體也注意到梁啟超的意見——共和軍方面不會對張勳作出任何妥協，而段祺瑞也頗為自信地提出，這場復辟一天內就會徹底結束。

事實上，梁啟超和段祺瑞正是這次反對張勳復辟的急先鋒，前者的筆和後者的槍，讓溥儀的皇帝夢再度夭折。這次復辟也讓民國政府對溥儀徹底失去耐性，《紐約時報》根據美國國務院的一份電報得知，民國政府已經決定把溥儀和滿族王爺們驅逐出北京。同時，路透社認為張勳復辟的背後另有玄機，這不單單是中國政局的一次變動，更可能會對整個世界產生微妙的影響。他們將張勳復辟的矛頭直指發起「一戰」的德國，因為一旦張勳復辟成功，中國就不會與德國斷交，這很可能會讓「一戰」的戰局變得更為複雜。

當德國成為眾矢之的時，日本則忙着與張勳復辟撇清關係。兩天後的《紐約時報》上刊登了來自東京的電報，日本外相石井菊次郎敦促日本政府宣佈，日本從來都沒有參與過張勳復辟。為了表明自身的清白，日本政府也斷然拒絕了張勳要求調停的申請，並把這件事告訴了段祺瑞。石井菊次郎更宣稱，歐洲戰事如火如荼，中國的前途更加難料，日本應當團結起來爭取戰爭的最後勝利。

民國大總統黎元洪

黎元洪（1864—1928），字宋卿，湖北武漢黃陂人，清末加入海軍，武昌起義後，被選為中華民國副總統。1916 年袁世凱去世，翌日黎出任大總統，國務總理段祺瑞不服其獨斷專行，演化為「府院之爭」。這個被書本戲稱為「床下都督」的總統先生，其品德之馨，早在天津北洋水師學堂就有口皆碑。其師嚴復評價他「黎黃陂是德有餘而才不足」。

1916 年，袁世凱葬禮

袁世凱病逝後，經過 21 天的停靈，按計劃要運往河南安陽的
洹水之濱安葬。袁世凱本是河南項城人，安陽是他 1908 年被
解職之後的隱居地，因他早年為母親下葬的事與兄長翻臉，
誓不再回項城，因而在安陽（時稱彰德）的洹上村為自己選擇
了一塊風水寶地。安陽是平漢鐵路重鎮，袁的靈柩也就通過鐵
路運送。彼時北京的火車站在前門外，喪禮隊伍從靈堂所在的
懷仁堂出發，行至前門西車站，全程不過兩三里，儀仗卻絕不
草率。袁世凱雖被後人稱為竊國大盜，任人口誅筆伐，但在世
時卻總因時勢所趨而被推為「非袁不可」的頭面人物。他去世
時，時局混亂，舉國盡是要求他退位的聲音，但他終歸還是死
在大總統的位置上。儘管袁世凱在遺囑中說「余之死骸勿付國
葬，由袁家自行料理」，但北洋政府仍決定為他舉行國葬之
禮，因而送葬的隊伍，正是從只有皇帝可以通行的中華門中間
門洞走出來。照片中走在最前面的是軍樂隊，後面跟著衛隊和
紙紮的燈籠。有文獻說袁的葬禮隊伍有清水潑街、黃土墊道，
從照片上看似乎並非如此。

吳光新君

張樹元君　楊宇霆君　盧永祥君　段祺瑞君　張作霖君　馮玉祥君　梁鴻志君

北洋軍閥合影

袁世凱去世後，北洋軍閥段祺瑞、張作霖、馮玉祥、
盧永祥等在北京麗亞照相館合影。令人唏噓的是，這
張照片上的許多人，在以後竟成為對手。

張勳入京調停「府院之爭」

1917年5月，「府院之爭」爆發。日本表示支持段祺瑞，英國、美國等支持黎元洪、馮國璋。黎元洪將段祺瑞免職，段祺瑞則令屬下各省督軍宣佈獨立。黎元洪乃電召安徽督軍張勳入京調停。6月，張勳率5,000辮子軍北上，密謀復辟，段祺瑞則欲利用他對付黎元洪而支持其入京。張勳的車隊正通過公安街，內層的守衛由辮子軍擔任，外層的守衛則由黎元洪的部隊負責。張勳行進的路線上一路都有黃土墊道，堪比當年皇帝出行，所有行人迴避，外國人卻可以自由通行，正因如此才留下了這張珍貴的歷史照片。

張勳的辮子軍

張勳原來是清王朝的江南提督，辛亥革命勝利後，他敗退到徐州一帶。為了表示對清王朝的忠心，張勳禁止所部剪去腦後的辮子，因此被人戲稱為「辮子軍」。

北京街頭的辮子軍騎兵

張勳入京，迅速控制了局面。北京皇城根下的臣民們這十幾年見多了「你方唱罷他登台」的遊戲，對於辮子軍入城並不感到驚奇。平淡如常，只是對於突然有了這麼一支留着長辮進京的軍隊，有些摸不着頭腦而已。

孫中山聲討張勳

復辟當日，時在上海的孫中山聞訊後極為憤慨，立即發表討逆宣言。1917年7月6日，偕同一批同志乘軍艦南下，計劃到廣州組織武力討伐張勳。全國各地尤其是南方各大省會召開萬人大會，各家報紙發表大量文章，一致聲討張勳。

1917年，討逆軍在街頭

張勳把黎元洪趕下台後，段祺瑞便在天津發表討張的通電和檄文，組織起討逆軍，自任討逆軍總司令，7月4日在馬廠誓師出發，5日正式開戰，12日拂曉攻進北京城內。照片中在路邊歇息的討逆軍士兵除了身背彈藥武器外，每人還帶着一把鐵鍬。旁邊道路上還有大批軍隊正在行進。

討逆軍士兵正在東安門外

照片中現場一片狼藉，貌似一場戰事剛結束不久。此時，張勳坐鎮位於南池子的張宅中，而戰事從馬家堡一直延伸到南池子。

討逆軍圍攻皇城

段祺瑞的討逆軍戰鬥力極強，辮子軍一觸即潰。在討
逆軍的兩路夾攻下，辮子軍有的舉起白旗投降，有的
剪掉辮子扔掉槍支逃命。此時北京的街道上丟棄的髮
辮俯拾即是。

北京，翠花胡同 9 號院，張勳宅院大門口

門旁掛有「定武軍駐京轉運總局」的牌子。1914 年，袁世凱曾授予張勳為定武上將軍。1915 年，張勳將所統領的武衛前軍改稱定武軍。從 1917 年 7 月 1 日到 12 日，張勳導演的這場復辟鬧劇只持續了 12 天。

張勳的姨太太和兒子

張勳有一妻十妾，照片中是他其中一位姨太太，懷中抱着她與張勳所生的孩子。

張勳出逃荷蘭使館

「辮帥」張勳滿懷被段祺瑞利用、出賣的怨恨，帶着自己的姨太太與最小的兒子、秘書，倉皇逃到荷蘭使館躲藏起來。當日，只做了 12 天「北京皇帝」的溥儀再次宣佈退位。張勳復辟雖然歷時僅僅 12 天，卻是中華民國歷史上一個極為重要的轉折點。這場復辟直接導致段祺瑞的復出，和皖系、直系兩大軍閥的崛起，更將民國以來的兩大法統（孫中山和袁世凱）徹底打翻。照片中懷抱幼子的張勳站在荷蘭使館院內。

復辟後的溥儀在御花園留影

張勳率領辮子軍氣勢洶洶地進入北京城，叫囂着「奉還大政」，年僅 12 歲的溥儀被再次推上了龍位寶座，一度冷冷清清的紫禁城一下子又熱鬧起來。小皇帝的內心熱切地期盼着復辟的成功，小太監奉承他說宮裏供着的關帝顯靈，幫助張勳的軍隊打仗，連關帝的坐騎赤兔馬都跑出汗來了。小皇帝立馬跑去一看究竟，甚為欣喜。這種欣喜短暫而深重，並隨着落在紫禁城裏的三枚炸彈而煙消雲散了。

復辟後，溥儀坐在乾清宮寶座上接受遺老們的擁戴

1917年7月1日凌晨3時左右，於1912年2月12日宣佈退位、年僅12歲的溥儀在瑾、瑜兩太妃和太保世續、師傅陳寶琛等人的護導下，來到養心殿召見張勳一干人等。張勳見小皇帝坐上了龍椅，便立即甩開馬蹄袖，領着眾人匍匐在地，向溥儀行三跪九叩首大禮。接着由張勳奏請復辟說：「（五年前）隆裕皇太后不忍為了一姓的尊榮，讓百姓遭殃，才下詔辦了共和，誰知辦得民不聊生……共和不合咱的國情，只有皇上復位，萬民才能得救……」溥儀按照陳寶琛的指點表示謙讓說：「我年齡太小，無才無德，當不了如此大任。」張勳立即讚頌：「皇上睿聖，天下皆知，過去聖祖皇帝（指康熙）也是沖齡踐祚嘛。」溥儀便連忙按照陳寶琛的囑咐說：「既然如此，我就勉為其難吧！」於是，張勳、康有為等人又跪拜在地上，高呼萬歲，王士珍等人也只得跪下隨口歡呼。京城的大街小巷又都掛起了龍旗，許多清朝遺老又把盤在頭上的辮子給放了下來，整個北京城彷彿又夢迴清朝。

溥儀在屋頂上

溥儀出生在撲朔迷離的動亂年代。隆裕太后並未放棄對溥儀的封建
君王教育，「帝師」都經過精心的挑選。對溥儀影響頗深的是前
禮部侍郎陳寶琛和英國牛津大學畢業的文學碩士莊士敦（Reginald
Fleming Johnston）。莊士敦將富有傳奇色彩的歐洲生活方式描摹得
如仙境一般，讓「囚鳥」天子傾心不已。在莊士敦的影響下，溥儀
先取上了洋名「亨利」，不顧遺老遺少和太妃們的阻攔，毅然割掉
了長辮，穿上洋裝，蹬上皮鞋，騎上自行車，以「洋皇帝」的做派
自居。年幼的溥儀經歷了登基、遜位、復辟，12 天的復辟鬧劇在一
聲炮響中灰飛煙滅，據說溥儀還為他的再次退位傷心地哭了一場。
聊居宮中，一草一木，一房一瓦，都成了他親密的朋友。

民國的「閒情逸致」

在混亂的時局中，也有人在關注中國人由來已久的閒情逸致。1917 年，在美國《國家地理》（*National Geographic*）雜誌上，奧立維·拜恩布雷契就將金魚與鴿哨並置，來尋找中國人「對生活藝術的追求和對美的理解」。

他提出，在西方觀念裏，中國人「非常理性，並不重視宗教信仰，反而比較關注物質生活，時常為生活中雞毛蒜皮的小事而忙碌」，但是，他也注意到，中國人的日常生活擁有獨特的魅力。

中國人養金魚，為的並不是其實際的用途，而是在於欣賞，在於對美的理解。並且，「中國人養金魚時做了許多試驗，中國人對金魚的生活習性、體型變化的百多種形式的研究，幾乎都可以證明人類與水生生物的關係非常密切」。

除了金魚之外，鳥類也在中國人的日常審美生活中佔據着重要的位置。作者尤其注意到：「中國人喜愛鳥類，不僅把牠們關在籠子裏，還經常帶着牠們外出散步。他們時常把鳥兒放在他們的肩膀上，用線拴着鳥兒的一隻腳，當然，這根線比較長，可以為鳥兒留出足夠的自由活動空間。如果遇到陰涼的地方，他們還會停下，把鳥兒放在樹枝上，自己則坐在旁邊，瞇起眼睛來欣賞很長時間。」這種情形無疑讓西方人感到非常好奇。

最讓作者感興趣的，是鴿哨。作者寫道，「這種哨子是用來馴養鴿子的，很輕，約有幾克重」，「用一種質地精細的細銅絲製成，鴿子在天上飛行時，空氣流動會使鴿哨產生振動，發出聲音。不同鴿哨的製作方式也不同，所以鴿陣飛行時各種鴿哨的音調也不同，就像一場空中音樂會。天氣好的時候，在北京的院落間，如果有鴿陣飛過，就有可能幸運地聽到這場宏大優美的空中音樂會」。

不過，中國人對鴿哨的解釋，卻讓作者大跌眼鏡。這種解釋一點也不詩意，「這些鴿哨的作用是召喚鴿陣集中起來，以免受到兇猛的鳥類的攻擊。但是，一隻飢餓的老鷹會被鴿哨的聲音所『打動』，就收斂自己的胃口？這似乎讓人難以

置信」。不過，不論中國人的解釋是否合理，作者還是認為，「從鴿哨中受益最多的，並不是鴿群，而是聽眾的耳朵。似乎只有耳朵才能最充份地享受風中的音樂，也似乎只有耳朵才能獲得那種最直接的快感」。

但中國的閒情逸致，很快就被一個戰火紛飛的時代粗暴地攪擾了。

北京兩個玩鷹的男子

以鷹為戲歷代都有，由清以來自宮廷漸入民間，玩鷹之風大盛。它多少帶有北方遊牧民族尚武崇獵的遺風，這是滿族人和蒙古人的世代習俗。那時有專以捕鷹為生的鷹戶，每年要向宮廷繳納賦稅丁銀，如果交鷹，則可將鷹折銀抵銷賦稅。由於皇家對鷹的喜愛和重視，所以王公貴族、八旗子弟也以鷹為戲。清朝末葉，是玩鷹的最盛時期，不但玩，還要「較獵」比賽。少數貴胄子弟，非佳種鷹不玩，從鳥市買來的好鷹，也不願架出去玩，必須自己在郊區張羅佈網，捕捉雛鷹，僱用把式馴養，才覺玩得過癮。清末民初時，皇宮和王府裏被遣散的太監流落到了民間，把宮裏的玩法傳入民間，更推動了民間養鷹的熱情。民國初年，印度的毛皮商人聽說北京的鷹手不但善捕好鷹，還善於馴鷹，便到北京來買佳種鷹，用來捕捉水獺，一時鷹價上漲。

遙遠的「一戰」：中國首次參加「協約國」軍向德開戰

　　無論人們是否承認，「一戰」都已成為全世界最關注的話題，是否參戰，也讓中國左右為難。經過漫長的斟酌、斡旋，1917 年 8 月 14 日，中國決定參加「一戰」，與「協約國」並肩作戰。

　　參戰很快就為中國帶來很多實惠。1917 年 11 月 9 日的《紐約時報》指出，「協約國」同意民國政府推遲五年償還庚子賠款，而俄國也同意推遲償還三分之一的款項。

　　不過，中國究竟應該在「一戰」中扮演怎樣的角色，中國人卻依然舉棋不定。1918 年，端納寫信給莫理循，希望他能收集一些「關於中國怎樣加入戰爭」的材料，因為中國人眾說紛紜，「所有的人，包括梁啟超以及一些類似廚師的各色人等，都在寫文章大談中國如何介入這場戰爭，而他們當中誰也說不清這件事的真實內幕」。

　　1918 年 10 月 2 日，《紐約時報》刊登了中國駐美公使顧維鈞的演講，他說，中國參戰並不是一時興起，而是經過深思熟慮之後作出的決定。一方面是出於對德國侵華行為的憎恨，他列舉了德國一直佔據着中國的聖地、孔子的故鄉山東，以及德軍在 1900 年對中國人的殺戮；另一方面，他也指出，中國參戰絕不是為了復仇，而是在於，目睹德國對比利時、法國以

顧維鈞

及中立國發起的戰爭，足以證明，德國已經拒絕接受人類道德和法律的約束，一旦德國真的得逞，贏得戰爭，整個人類的前景都會非常黯淡。因此，顧維鈞說，「這場戰爭已經不再是歐洲的政治鬥爭，而是維護人類的神聖的道德準則的戰爭」。並且，他宣稱中國將始終與美國站在同一戰線上，中國和美國早已達成共識，「參戰不是為了給本國謀求私利，也不要求物質方面的報酬」。

除了來自美國的示好，尤其是威爾遜總統的承諾，另外一個信號也讓中國人對未來充滿幻想，這個信號來自日本，作為「協約國」的成員國之一，日本承諾，會將德國在華權利歸還給中國，中國無疑對此抱有極大的幻想。

日本也在或多或少地表達着自己的誠意。八個月前，2 月 11 日的《紐約時報》上就刊登過一則從日本貸款購買的第一批軍火運到秦皇島的消息，清單中包括 645 支機槍、324 門野戰山炮、5 萬支步槍和 500 萬發子彈。

不過，這種示好並不能掩蓋日本的野心。同樣在半年前，4 月 28 日的《紐約時報》還刊登過另一則報導，引用陳友仁擔任主編的《上海時報》創刊號上發表的聲明，「中國政府已經同意日本提出的新的要求」、「這遠比日本在 1915 年提出的『二十一條』更加可怕」。日本對中國領土的覬覦，以及此刻虛偽的謊言，將在一年後引發更大的危機，並間接促成中國的現代化轉型。

15 萬中國勞工在歐洲戰場奮戰

為了對「協約國」有所貢獻，中國首先派出的是十幾萬勞工。他們前仆後繼奔赴歐洲，迅速出現在兵工廠、農場，也在前線協助挖戰壕。他們的出現，引起了國際社會的關注。

1917 年 2 月 25 日，《紐約時報》報導了這些勞工的命運。每週都有至少 1,000 名中國勞工從天津出發，被運到法國的兵工廠或者農場勞作。這個數量與

從印度支那（Indochina）前往法國的人數相當。根據合同，能夠被選中的勞工會獲得雙倍薪水，在中國的英國工廠裏工作，他們的日薪是 12.5 美分，而到了法國，日薪會提高到 20—25 美分，翻番的報酬讓前往法國的船始終人滿為患。

合同裏還有一些非常奇特的條款：如果勞工們不幸死在法國，合同承諾會將他們的遺體運回中國。值得注意的是，對於死亡，合同裏也有諸多非常明確的細節規定，比如一定會為死者穿上一件新衣服，一定會在遺體旁留一些米飯、燒鵝、豬肉之類的食物，一定會舉行燒紙錢、紙房子和紙轎子之類的喪葬禮儀。大約只有如此，才能迎合中國人「視死如視生」的傳統觀念。

這些條件看起來還不錯，但勞工們實際的遭遇卻要悲慘很多。他們其實是像貨物一樣被運到歐洲的，每個人在船上佔據的空間，還不如一個白人的墳墓大。

但中國勞工很快獲得了歐洲人的讚許。這篇報導指出，中國勞工非常勤勞，並且願意接受長時間的工作，對個人生活的要求卻不高。在一些不苛求技術的行業裏，比如製造彈藥的工廠，三個中國勞工就能抵得上兩個歐洲工人，而他們的報酬則有天壤之別。至於在農業生產這些領域，他們的表現甚至比歐洲人更突出。

這些勞工似乎也順利地融入歐洲社會，他們還在船上時就會向來自歐洲的工頭們學習一些在生活和工作中會用到的基本外語，到了歐洲，他們很快就不再需要翻譯。這種適應能力無疑讓西方世界倍感驚異。這篇報導甚至還預言，在這些歐洲國家，很可能會重演當年美國舊金山的一幕——不用等到戰爭結束，中國勞工們就可能在法國甚至整個歐洲定居下來，成為重要的移民力量。雖然他們一直秉承着安土重遷的傳統，但是異域的生活還是會吸引他們留下，等到生活穩定下來，他們會返回中國娶妻生子，並把他們都帶過來，而下一代中國年輕人身上的東方特質會漸漸消退。

西方世界關注的，不僅是中國勞工，還有中國豐富的資源。半年多以後，10 月 14 日《紐約時報》的記者加德納‧哈定（Gardner L. Harding）繼續指出，

除了勞工，中國完全可以為「一戰」發揮更大的作用。在工業方面，可以發掘中國的煤礦資源，把這些深埋在地下的寶藏應用於戰爭，「協約國」需要與中國展開這方面的合作。而根據專家的調查研究，只要「協約國」願意提供幫助，中國的鐵礦石產量就能翻番，如果能再給予一些資金和技術支持，翻四倍也不在話下。中國的農業生產能力更是令西方人為之側目，中國的糧食儲備，完全能解決「協約國」面臨的糧食補給問題，中國的小麥和東北大豆都可以源源不斷地提供給「協約國」的士兵們，只要他們肯接受這些食物。儘管連年的災荒讓中國政府一直在限制糧食出口，但是，肉類、蔬菜、小麥、副食品的非法出口始終都沒有斷絕。作者進一步指出，中國無論在農業還是工業上，都擁有無限的潛力，這些潛力很可能被這場戰爭激發出來，中國和西方都能從中獲益。這或許是這場大戰中結出的意想不到的果實。

中國勞工表演傳統戲劇

1918 年 6 月，幾名勞工表演傳統戲曲，以娛樂其他勞工和部份英軍士兵。可以看到英國與中國觀眾被一道鐵絲網分開。戰爭結束後，大多數勞工都被分批遣返回國，僅有 5,000 至 7,000 人留在了法國，成為日後巴黎華裔社區的前身。

1917 年春季的北京

甘博（Sidney David Gamble）記錄到的一次突如其來的沙塵暴。遠處的沙塵正在撲向幾個扛着工具的民工。整張照片上似乎蒙上了一層厚紗。

河北定縣學生反日遊行

1917年至1918年，段祺瑞政府與日本簽訂了一系列公開和秘密的借款，日方經辦人是日本內閣首相寺內正毅之摯友西原龜三，因而得名「西原借款」。段祺瑞任內閣總理後，為實現其「武力統一」之野心，以出賣國家主權，大量向日本借款為手段，把東北之築路權、採伐權和採礦權等一系列主權出賣給日本，為日後日木大舉侵犯東北埋下隱患。英文《京報》（Peking Gazette）報導段祺瑞向日本借款1萬萬元，2,000萬請日本人整理兵工廠，8,000萬請日本軍官練兵。寺內正毅曾得意地説，通過向中國放貸，日本所攫取的政治、經濟特權「何止十倍於『二十一條』」。此消息一經披露，舉國譁然。次日該報主編陳友仁被逮捕，四個月後才被釋放。照片為1917年，河北定縣學生進行的反日遊行。學生們臂戴黑紗，手執白旗，口號聲震天響。

基督教青年會學生遊行

1918年11月14日，遊行學生舉着「公理戰勝」、「當仁不讓」、"Militarism Must Go"等標語經過長安街、東單一帶，支持者甚眾。北京大學在天安門前搭台演講數日，蔡元培發表了題為《黑暗與光明的消長》的演說。他說：「現在世界大戰爭的結果，協約國佔了勝利，定要把國際上一切不平等的黑暗主義都消滅了，用光明主義來代替。」「生物進化，恃互助不恃強權。此次大戰，德國是強權論代表。協約國互助協商，抵抗德國，是互助論的代表。德國失敗了，協約國勝利了，此後人人都信仰互助論，排斥強權論了。」「世界的大勢，已到這個程度，我們不能逃在這個世界以外，自然隨大勢而趨了。我希望國內持強權論的，崇拜武斷主義的，好弄陰謀、執着偏見，想用一派勢力統治全國的，都快快拋棄了這種黑暗主義，向光明方面去呵！」中國想當然地將自己視為戰勝國，而所謂公理戰勝強權只是假象。虛弱的中國在實力上遠遜於歐、美、日。這一場慶祝只不過是為下一輪的利益瓜分奏響的序曲。

太和門的五色旗

1918 年 11 月 11 日，德國投降，標誌着協約國一方在
第一次世界大戰中戰勝同盟國一方。中國政府和人民
迎來了一次情感的釋放，北洋政府亦暫且擱置激烈的
內部矛盾，決定在 11 月 14 日至 16 日及 28 日至 30
日舉行慶祝活動。晨色熹微中，廣場剛從昨夜甦醒過
來，只有少數的人為這最後的歡慶時刻而準備着。兩
面巨大的五色旗懸掛在太和門前，沉靜着，一如廣場
的氣氛。五色旗的紅、黃、藍、白、黑五色在晨光下
閃耀着綢緞般的光輝，這一天，是這五彩的一天。

大總統徐世昌登太和門致辭

1918 年 11 月 28 日，大總統徐世昌在「慶祝第一次
世界大戰勝利」大會上致辭，向各國公使致意，聲稱
「公理戰勝強權」。大總統徐世昌身着紳士禮服，不
過旁邊的官員都穿着軍禮服，有着高聳的大禮服帽，
表明這是一個閱兵的場合。

太和殿前接受檢閱的士兵

1918 年 11 月 28 日，國民政府特開大會慶祝「一戰」
勝利，在故宮太和殿舉行盛大的中外軍隊閱兵式，並
鳴禮炮 108 響。戰勝的消息傳入中國，國人開始了以
勝者自居的幻覺。他們彷彿想通過這次慶典，在國際
社會上重新樹立起大國的形象。

皇城裏的滿族婦女在會場出現

1918 年 11 月 28 日，滿族婦女也因傳來的勝利喜訊而走出紫禁城，走上街道，
觀看這難得的熱鬧景觀，畢竟從清帝遜位的那一天起，皇宮裏只留下逐漸落寞
的氣氛，冷冷清清，日復一日也不知過了多少時間。

坐在大鼎邊的老人

老人佝僂着背靠巨大的香爐歇息。為了參加盛大的儀式，老人翻出了箱底的華美行頭，戴上精緻小帽，蹬上繡花鞋子，還不忘點綴些許珠寶首飾。她斜睨着周遭事物，眼鏡矮矮地架在鼻樑上，口裏的香煙徐徐冒着青煙，歷經滄桑的她，深埋在心底的那一抹不安與憂傷，始終縈繞在心頭。站在她旁邊的女僕，身着布衣，為主人拿着一個暖手的炭爐。

上海萬國商團中華隊職第十八屆射擊特等人員攝影

中華義勇射擊隊

19世紀末，公共租界萬國商團在武進路河南路口設靶場。清光緒二十六年（1900），組織萬國賽槍會，按英國比賽方法和規則比賽。光緒三十一年（1905），靶場移址北四川路底（今上海魯迅公園），每年舉行一次年賽、數次盃賽。1917年，華人組成中華義勇軍射擊隊，參加萬國賽槍會比賽位居第七名。

陝西新軍部隊

這支部隊雖然身高參差不齊,但都配備了精良的德國毛瑟槍。

川新軍運輸隊的兩名護衛

攝影師甘博在四川遂寧遇到這兩位士兵,他們顯然還沒有學會面對鏡頭,顯得有些靦覥和緊張。

慶親王奕劻

奕劻（1838—1917），滿洲鑲藍旗人，愛
新覺羅氏，乾隆帝第十七子永璘之孫。光
緒十年（1884）任總理各國事務大臣、封
慶郡王，十七年（1891）遷總理海軍事務
大臣，二十年（1894）晉封慶親王，三十
年（1904）任軍機大臣。奕劻被認為是導
致清國滅亡的罪臣之一，清帝遜位之後，
清朝的孤臣孽子大多遷居青島，以示遠離
政治，不食周粟。七旬老親王奕劻則獨居
天津，與宗室遺老往來無多。1917年，這
個清室授封的最後一個鐵帽子王奕劻死在
天津，時年79。溥儀在親貴的極力反對之
下，才將原本定為「謬、醜、幽、厲」的
諡號改為了「密」，意為「追悔前過」。

1917 年，閻錫山

1916 年 7 月，閻錫山改任山西督軍，一面
排擠打擊異己，使省長孫發緒和沈銘昌難
以處事，相繼離職；一面賄請內務總長湯
化龍為其說項，又稱段祺瑞為師，遂得於
1917 年 9 月兼任省長。從此，山西的軍政
大權集於閻錫山一身。閻錫山響應段祺瑞
馬廠誓師的號召，曾出兵反對張勳復辟。

外交總長伍廷芳

袁世凱去世之後，伍廷芳出任段祺瑞內閣的外交總長。1917年黎、段發生「府院之爭」，伍廷芳反對加入協約國，並提交一紙辭職信，段祺瑞被黎元洪解除職務後，伍廷芳一度出任代理國務總理。後來黎元洪迫於張勳的壓力，要伍簽署解散國會的命令，伍看破張勳解散國會以復辟帝制的險惡用心，認為此舉乃踐踏國家約法，強姦民意，因而堅決反對，毅然表示「欲我副署，先取我頭去」。伍廷芳對北洋政府徹底失望，認為救中國的真正希望在南方組織護法運動的孫中山。旋即應孫中山的號召，南下廣州，出任護法軍政府的外交部部長。

徐世昌就任總統合影

這張照片是在 1918 年 10 月 10 日，徐世昌完成就任總統儀式後與眾官員的合影。前排中白鬍子者即徐世昌，前排左六為朱深，左七為國務總理錢能訓，左九為外交總長陸徵祥，左十為曹汝霖，左十一為海軍總長劉冠雄，左十二為傅增湘。

徐世昌（1855—1939），字蔔五，號菊人。直隸天津縣人。早年隨父親到河南當塾師，因得與袁世凱訂交。在袁的資助下，徐赴北京應試，於光緒十二年（1886）中進士，授職翰林院編修。袁世凱小站練兵時，延徐為總文案，後來步步提拔他做到首任巡警部尚書和第一任東三省總督。西太后去世，袁奉旨養痾，歸隱洹上，而徐雖為袁黨，但在宣統時代卻仍為紅極一時的漢人大官。辛亥年袁世凱東山再起，徐亦為從中奔走最力之人。袁洪憲稱帝前把徐從青島召入北京，任國務卿。袁死後，徐歸隱天津。

徐世昌是民國史上的第五任大總統。民國雖換了五任總統，可是國人卻從沒有機會看到新舊總統的交接典禮。

孫中山是在南京交卸臨時大總統，袁世凱則在北京就任臨時大總統；黎元洪在袁世凱稱帝失敗氣死後，以副總統繼任大總統；黎遭張勳辮子軍驅逐下台後，馮國璋以副總統升任臨時大總統。袁、黎的總統都不曾到交卸日期，徐世昌被選為總統後，他便鄭重地問禮於內務總長錢能訓，以行交接大禮。

民國史上第一次總統交接儀式於 1918 年 10 月 10 日上午舉行，徐世昌乘汽車進公府（中南海），禮官導徐至懷仁堂禮台。9 時整，臨時大總統馮國璋由居仁堂到懷仁堂，與徐同向國旗行三鞠躬禮。禮畢，馮東向致頌詞，徐西向致答詞，詞畢互相一鞠躬，禮官送馮回居仁堂，馮即遷出公府。10 時整，徐在居仁堂南向，向議長及議員宣讀誓詞，詞畢轉北向，與議長議員同向國旗三鞠躬，禮畢議長議員轉東向，閣員及文武百官西向，徐立於禮台宣讀就職宣言。讀畢，各行三鞠躬禮慶賀，完成了儀式。

二次革命失敗後的孫中山

1916 年 7 月 20 日，孫中山於《在滬金星公司等歡送兩院議員會上的
演說》中提出：「我國制定憲法之初，則尚可乘機採用，且此之所謂
三權者，如立法、司法、行政三權固可弗論，其他二權，各國之所無
者，我國昔已有之。其一為御史彈劾，即皇帝亦莫能干涉之者；其二
為考試，即盡人之所崇拜者也。」他仍在四處奔波，推銷共和。

1917 年，馮國璋戎裝照

7 月 14 日，段祺瑞返回北京，重新擔任國務總理，掌握了政府實權。段政府禮儀性地去迎接黎元洪重新擔任總統，但黎元洪回到家裏通電全國引咎辭職。住在南京的副總統馮國璋被請到北京代行大總統職務。段祺瑞政府雖然做了一下表面文章，對張勳發了通緝令，但因張勳手裏捏着他和督軍團同意復辟的把柄，所以一直沒有採取行動。馮國璋的權位高峰僅持續了一年多，兩年後的寒冬臘月病死在帽兒胡同的馮宅。

毛澤東師範學校畢業

1918 年 3 月，湖南省立第一師範學校第八班畢業合影，四排右二為毛澤東。

孫中山就任陸海軍大元帥照

1917年，孫中山在廣州召開非常國會，組織
中華民國軍政府，被推舉為大元帥，開展護
法運動。1919年，孫中山改組中華革命黨為
中國國民黨，擔任總理。

蔣介石戎裝照

1918年，蔣中正奉命任援閩粵軍總司令部
作戰科主任，擬定第一期、第二期作戰計劃
書，並於漳州戰鬥中親加督戰。同年夏天，
他辭職返回上海，不久又奉命赴閩就任粵軍
第二支隊司令。

上海復旦大學的中式門樓

復旦大學創建於 1905 年，原名復旦公學，是中國第一所由國人通過民間集資、自主創辦的高等學校。由於不滿法國教會對震旦學院的干涉，創校人馬相伯率學校中國師生復課，由于右任提議，從《尚書大傳·虞夏傳》「日月光華，旦復旦兮」中擷取「復旦」二字命名，改校名為「復旦公學」，示意不忘「震旦」之舊，更含恢復中華、興學救國之意。1917 年，復旦公學改為私立復旦大學，創辦大學本科。近代著名教育家李登輝為復旦大學首任校長。私立復旦大學下設文、理、商三科，並保留了復旦公學原有的大學預科和中學部。

影攝休全校學術美子女日留年五國民

留日女子美術學校學生合影

清末國人在日本學習美術者，女性遠多於男性。日本
私立女子美術學校（私立女子美術大學之前身）為當
時日本接收中國女生最多的學校，在該校留學的中國
女性計 61 人左右，其著名者有何香凝等人。而留日女
生多集中在私立學校，主要是受清廷於 1905 年 9 月詔
令停止科舉之影響——或伴其丈夫，或隨其父兄而同
往日本。

培華女中時期的林徽因

照片中右一為時年 12 歲的林徽因。北京培華女中是當時教會
創辦的貴族學校，能與之齊名的只有另一所貝滿女子中學。培
華女中的校服款式是這樣的：中式上衣配西式百褶裙，既有東
方的簡約之美，又和西方時尚相得益彰，摩登時髦中亦有娟秀
清麗。當時的中國正是風雨如晦的時代，不太平的年月也只有
如林徽因般家境顯赫的少數少女，才有機會穿着這樣的校服，
許多貧困百姓還過着食不果腹、衣不蔽體的生活。

1918 年，金陵女子大學的生物實驗室

這是中國第一所女子大學，於 1913 年由美國教會美
北長老會、美以美會、監理會、美北浸禮會和基督會
選定南京為校址所在地所創辦。金陵女大共有 16 個四
年級學科，包括中文、英語、歷史、社會、音樂、體
育、化學、生物、家政以及醫學專科等，在國內外享
有盛譽。從 1919 年到 1951 年，畢業人數為 999 人，
報稱「999 朵玫瑰」。

1918 年，杭州靈隱寺

三位僧人行走在高台上，中間的僧人頭戴黑包頭，前面的僧人回頭望向照相機。他們在喧嘩動盪時代，似乎仍然勉力延續這座古寺的歷史和傳統，對於世間煙火，沒有嗅到一絲絲味道。

胡適

1917 年的中國還處於軍閥混戰的局面之中，救國之路漫長而曲折。眼界開闊的知識分子，渴望通過自己的努力改變現有的社會狀態，開闢一條通往光明的道路。是年 1 月 1 日，胡適在《新青年》上發表文章，主張破除舊的文學規範，創造一種全新的文學面貌。但路在何方，卻沒有明亮的燈塔所指引。

北大校長蔡元培

1917 年 1 月 9 日，蔡元培發表就任北京大學校長的演說，對學生提出三點要求：一曰抱定宗旨，二曰砥礪德行，三曰敬愛師長，將「抱定宗旨」置於首位。在蔡元培任職北大校長之前，北大由於繼承「老爺」式學堂的傳統，加之受袁世凱帝制復辟政治氣氛的薰染，校內民主思想受到壓抑，學生求官心切，學術空氣單薄，封建文化氾濫。蔡元培銳意改革，採取「學詣」為第一之原則，不論國籍、資格、年齡、思想傾向而選拔有教學熱心與真才實學之教師，像胡適、劉半農等被聘為教授時，年僅 26、27 歲。

南京大學雜誌員工合影

1917年至1918年，在新文化運動的高潮時期，中國科學社遷回國內，主要以南京高等師範學校與東南大學（兩校為南京大學前身）為依託，成為新文化運動中最主要的科學陣營。「五四運動」之後，中國學術界儼然分為「新派」與「傳統派」兩種意見，兩派之間顯然交集甚少，他們在新文化運動、古史辨運動、新史學運動中，一直處於相對立的位置。所謂「新派」大抵指北方的整理國故運動，「傳統派」則係以南京高等師範學校師生為主體的學者們。南高有著名的史地學派，因《史地學報》而得名。他們反對新文化運動中表現出來的浮誇與偏頗，將史地之學視為實學，主張成立全國性的學術團體共同進行史地研究，主張改革中小學史地教學等。南高頓成南方學術重鎮，一度與北大新文化派相抗衡。

齊魯大學教師張先生一家

1840 年鴉片戰爭中國戰敗，外國人獲得在華興辦教育的權利。隨後，之江大學、燕京大學等一批教會大學陸續建立。對於中國高等教育的發展，教會大學作出了不可磨滅的貢獻。齊魯大學（Cheeloo University）正式校名為山東基督教共和大學，為 1904 年至 1952 年在中國山東存在的一所教會大學，由來自美國、英國以及加拿大的 14 個基督教教會組織聯合開辦。鼎盛時號稱「華北第一學府」，與燕京大學齊名，有「南齊北燕」之稱。內地許多知名學者如老舍、歷史學家顧頡剛、墨學大師欒調甫、戲劇學家馬彥祥等紛紛到此執教。齊魯大學是當年外國人在中國創辦的 13 所教會大學之一，在 1952 年的院校大調整中被撤銷，原校址今為山東大學的突泉校區。

一位傳教士在為兒童看病

神父的角色在中國有時候必須是一個醫生。除了救治心靈之外，還
得救治身體。當然，許多傳教者依靠在國內學到的基本醫療知識，
成為與當地百姓交流的最好通道，並得到民眾的信任。

1917 年，北京的盲人學堂

此時由外國人開辦的盲人學堂全部照搬西式教育方式，在北京成立了多所學校。

北京孤兒院

1917—1919 年，甘博拍攝的北京孤兒院中的看護和孩子。

孤兒院的孩子組成的樂隊

這所孤兒院早期由北京基督教青年會資助。鼓號手們
身後着西裝者為他們的樂隊老師。據稱，這支樂隊還
曾接待過前來視察的蔡元培。

北京基督教青年會的休息室

基督教青年會的會所樓房靜靜地矗立在東單大街3號，
是一座紅磚砌築的小樓，取歐洲文藝復興時期建築風
格及近代建築之精華。在這座西式樓房中，青年們在
這裏對弈、看報、擊打桌球，氣氛輕鬆而融洽。這應
該是中國第一張表現打桌球的照片，可以看到照片右
側還有一張乒乓球枱。

1917 年的北京頤和園

這座世界上無可匹敵的皇家園林，從乾隆開始經過了
好幾任皇帝的修繕，成為中國園林的代表。這裏有着
龐大的水系，可以在清國的首都裏坐船巡遊。

1916 年天安門前的金水橋

金水橋上馬車輕馳，從端門而來，散漫的遊人隨意遊
玩。橋外路邊等待拉客的黃包車有序地排列着。十
週歲的清遜帝溥儀，此時還住在天安門後面的皇宮之
內。天安門，明朝時叫承天門，清順治年間改稱天安
門。清吳長元《宸垣識略》記載說，「凡頒詔，設金
鳳朵雲於天安門上，壔口正中宣詔，官朝服，領耆老
咸集，行禮奉詔，承朵雲由金鳳銜下」云云，可知天
安門是皇帝詔書頒於天下之所在。

重慶萬縣附近的一座古橋

古老的危橋橫跨在激流之上，如同亂世之上的國家軀殼。1916 年，風
雲變，亂世起。此後一紀之內，24 次改組內閣，26 任總理，政府首腦
9 次更迭。

1916 年的北京火車站

車站自建成之日，見證了太多發生在身邊的暗殺、爆炸事件以及各色民國重要人物的輪番登場。

1917 年，秦皇島火車站站台

每個出行的民眾都要接受軍警的搜身。當時國人與駐北京之洋人，去北戴河度假，均需乘火車從秦皇島下車。

1917 年，天津大水災

天津水災發生於是年 9 月，眼看入秋，天氣轉冷。美
國紅十字會適時捐助援建了臨時屋，此舉使災民得以
順利過冬。

北京城內的道路灑水

這是北京城當時清潔衛生倡議行動的一幕，據稱是要平息把整個城市弄得塵土滿天的夏季沙塵暴，並防止有可能出現的疫情。北京的街道大部份都是坑窪遍地的土路，風起塵至，在這座城市裏待着的外國人，在他們的書信中，大都講述了北京糟糕的沙塵天氣以及下雨後泥濘的路面。

1918 年的東四牌樓門樓

在明代，人們習慣於在十字路口四面各建一座四柱三門三樓式的木牌樓，這座牌樓因位居皇城之東，故稱東四牌樓，簡稱東四。牌樓在 1912 年兵變時被焚，重建後的牌樓，被人印製成明信片，展示着它的繁華。直到 1954 年牌樓被徹底拆除，繁華舊夢就此留於照片之上。

北京冬天早晨的豬市

清末民初，北京有兩個生意興隆的豬市，一個是東四
牌樓豬市，另一個就是西四牌樓豬市。而照片中的豬
市就位於西四牌樓附近。

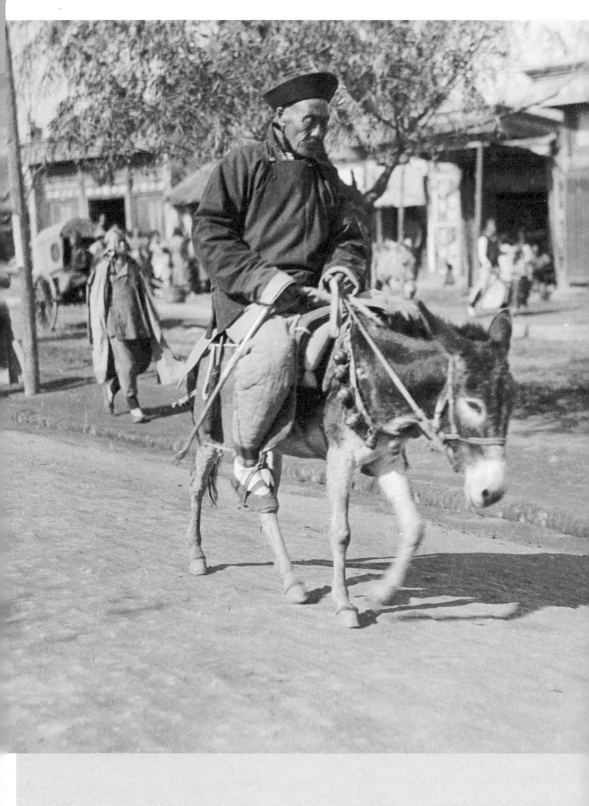

**1917 年，北京一位戴着清代官帽的老
人，騎着一匹瘦弱的驢子，走在已是
民國的街道上**

整個國家處在從清入民國的過渡時期，大部份民眾
的上半截身子似乎還在清代，雙腳卻已在前途未知
的民國了。

北京街頭的洋馬車

計程收費的出租車最早出現在外僑頗多的北方冰城哈爾濱，短期之內這種新潮的出行方式亦傳播到了北京地區。馬匹拉着四輪車廂叮叮噹噹沿街而過，車內乘客還可欣賞沿途風光，儼然成為北京一景，無怪深受民眾的喜愛。

民國初年上海外灘碼頭

這是一張表現外灘碼頭繁華的市民生活的照片，長江
上有火輪船，也有中國帆船，一片繁忙景象。

苦力拉着黃包車駛過外灘

這種起源於 19 世紀後期日本的人力車，有着兩個膠輪，被中國人稱為東洋車。1874 年，一位叫梅納（Menard）的法國商人從日本來到上海，徵得租界同意，試圖把人力車引進中國以圖獲利。東洋車自此進入上海，當年就有近千輛人力車在營業。1913 年，上海租界規定公共人力車必須漆成黃色，後者遂得名「黃包車」。次年，僅上海租界就有近萬輛黃包車在行駛。

北京，監獄裏的少年犯

這些犯罪的孩子們正在進行晨操訓練。這座監獄坐落在北京德勝門
外功德林，名叫「京師第二監獄」，是梁啟超任司法總長時所建。
它作為北京施行的現代監獄教育的一個樣辦，正在向來訪的外國記
者展示。這張珍貴的照片由西德尼·甘博拍攝。

北京街頭的西式冰激淩

這種老式冰激淩的做法據説是將存起來的冰塊，放在大桶內加鹽，冰中間放馬口鐵桶，鐵蓋上有孔，一根軸上下貫通，四周有葉片，軸上有平齒輪，搖把上有豎齒輪，兩齒輪相交，一搖手柄，軸即帶動葉片旋轉，鐵桶內放澱粉漿、雞蛋、牛奶、白糖、香料及果汁，旋轉 30 分鐘左右，桶中的混合物便凝結為冰激淩了。

重慶茶館裏的採耳

重慶的大小茶館裏滿佈着採耳師，採耳師們的袋子裏，裝着數十種掏耳工具，如耳扒子、鵝毛棒、鋏子、震子、馬尾、刮耳刀、耳起、棉花棒等。掏耳被中國人稱為民俗七十二行中的一技。文獻中甚至認為民間三大快活是採耳、捏腳、洗澡。耳朵神經系統敏感，能在酥癢、緊張、刺激的體驗中得到最大的享受和放鬆，重慶人將其稱為「小舒服」。

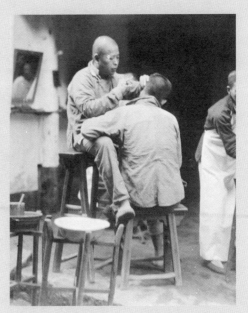

民國時期，北京街頭

一個推着自製兒童車的北京男子，嘴裏叼着煙袋。

雕樑畫棟的老匠人

這是個古老的職業。許多家庭甚至幾代人以此為生。他們技藝驚人,有着令人欽佩的耐性。

1917 年的北京老弓匠

在現代化的槍支出現後,這個古老的行業就開始凋零,即使在當時,會做弓的手藝人也已不多見。

黎元洪閱兵

1916 年 10 月 10 日，時值中華民國成立五週年，新上任的大總統決定隆重慶祝一番。自 1912 年正式改為民國紀元以來，雙十節因種種問題而無法舉行，利用此次閱兵，黎元洪耀武揚威地展示了軍事實力。閱兵開始，黎元洪一身戎裝與一眾官員騎馬從演武廳前往檢閱現場，然後陸軍、騎兵、炮兵、工兵和機關槍營方陣分別接受檢閱。

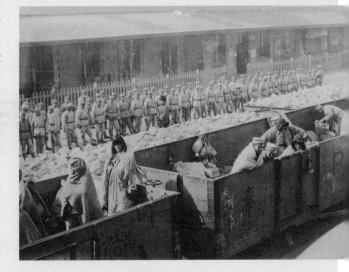

1916 年，天津車站

奉系軍閥張作霖的部隊在月台上。

中俄邊境上的中國軍隊

1918年，沙俄陷入動亂，國民政府國務會議決定，由陸軍部會同奉天、吉林兩省，抽調陸軍進駐圖們江，保邊護僑。2月16日，國務會議又決定，由吉林督軍調兵綏遠，保護伯力華僑。但考慮到出兵入俄將引發複雜的國際問題，軍隊不得越境行動，主要目的就是保證撤僑通道的安全與暢通。隨着局面的惡化，國民政府甚至派遣海容號巡洋艦遠赴海參崴執行撤僑工作。

1918 年，東北邊鎮海拉爾

一群北洋政府的辮子軍與着清國衣帽的蒙古官員，其樂融融。清國雖亡數年，但蒙古諸多地區仍保留着清代的裝束。所謂亂世亂穿衣，這種民國、清國混着的裝束，是民國初年此地政治生態的真實寫照。

賽金花與魏斯靈的結婚合影

晚清名妓賽金花，一生三次嫁作人婦，又三番淪入煙花，是中國
歷史上最具傳奇色彩的一個女子。從現存的一些老照片來看，賽
金花本人似乎並沒有甚麼傾國之容，卻在義和團運動期間與德人
相交後，留下了各種真假難辨的傳說。這使這個女子在歷史的書
冊中顯得愈發神秘。

整個世界的一體化正在形成，聯動反應將遙遠的兩個國家緊緊
地聯繫在一起。在美國，因為男人們流行改穿絲綢製的衣服，
於是在山東威海，所有的蠶都必須夜以繼日地工作。而如果美
國女人們開始熱衷於新的配飾，那麼中國的女人們就必須到教
會學校裏學習它的製作工藝。中國人這樣孜孜不倦，只是為了
能在餐桌上增加一個葷菜。

北京各校的罷課活動正在進行，各項抗議活動亦緊張地開展

原定於 1919 年 5 月 7 日在天安門舉行的「國恥紀念會」被當局強行禁止，9 日，清華校園內普降半旗，各處電線杆都張貼着「勿忘二十一條！」「還我青島！」的標語，默默地配合着學生振聾發聵的控訴。全體同學在體育館舉行了「國恥紀念會」，會上決議通電巴黎和會的中國代表，要求拒絕簽字。同學們手握雙拳，莊嚴地宣誓：「口血未乾，丹誠難泯，言猶在耳，忠豈忘心。中華民國八年五月九日，清華學校學生，從今以後，願犧牲生命以保護中華民國人民、土地、主權。此誓。」宣誓聲迴盪在體育館裏，迴盪在清華園中，並隨着會後焚燒日貨的火焰，嫋嫋升上空中。這些夾雜着血淚、恥辱與憤怒的口號，通過電波，傳到了歐陸巴黎的談判桌上。

國聯：是籌碼還是賭注

1919 年，「一戰」已經結束，《紐約時報》率先刊載了《凡爾賽和約》（Treaty of Versailles）的全文，這篇獨家報導令全世界的媒體為之側目，更令全世界的人們百感交集。

《凡爾賽和約》也曾令中國人充滿期待。當年莫理循反覆遊說中國參加「一戰」，理由之一就是中國可以在戰後享有部份權益，而「一戰」結束後，梁啟超馬上趕往歐洲進行外交斡旋，也是為了能通過外交手段搶先為中國爭取一些權益。美國總統威爾遜的承諾，更讓中國滿懷幻想。

中國人曾將希望寄託在美國總統威爾遜身上，1919 年 1 月 7 日的《紐約時報》就清晰地表明了這一點：「中國將接受威爾遜總統的計劃，加入國聯。總統徐世昌已經給遠在巴黎的威爾遜總統發電報說，中國政府完全贊成美國的提議。」

《紐約時報》還刊登了徐世昌發出的這封電報的細節：「你提出組建國聯從而維持大小國家之間的公正與長久和平的想法，意義重大。」

這份長篇報導認為，中國正在試圖尋求強而有力的保護，而徐世昌的電報則意味着，美國的地位已經獲得中國的充份認可，「中國期待着列強可以聯合起來解決遠東的貧弱和危機，這些狀況在過去只得到了部份的解決，而從今日的和平視野來看則日益緊迫」。

這篇報導的作者剛剛穿越西伯利亞前往北京進行了一次長途旅行，他發現，與自己聊天的每一個中國人，都對這次和談以及國聯的作用抱有希望，認為這是讓全世界聯合起來解決東方問題的一個機會，如果這些問題得以解決，將保障中國、日本、西伯利亞（即俄國）和菲律賓的和平。

文章還對中國將在巴黎和會上扮演的角色作出了預估：「在巴黎和會上，中國將扮演一個謙遜和獨立的角色。中國一直是一個偉大的民族，只是因為革命引

發了內戰，從而導致一時的貧弱。中國的政治家們擁有遠見，並且正在試圖解決和平問題，因此，當這些要點在巴黎被提出時，中國會作為一個獨立的國家表達出它的觀點和理想。」

在此之前，《泰晤士報》刊登了一篇來自東京的報導：中國和日本已經達成協議，將在巴黎和會上共同進退。這篇報導其實並非空穴來風，因為中國代表團的一箱文件在運往巴黎途中經過日本，隨即遺失了；而代表團前往巴黎時又特地取道日本，難免讓人產生聯想。路透社的《太平洋電訊》也報導說：中國總代表在東京和日本外務大臣內田康哉圍繞膠州問題密談了兩小時。這些消息一時令中國的輿論界為之譁然。不過，中國的官員在一次談話中，卻首先否認了這一點。「事實是，當陸徵祥外長前往歐洲時，他因病取道東京作短暫停留。他在那裏只逗留了一天，見到了日本外長。這次拜訪只是出於國際禮節的考慮，並沒有政治含義，也沒有進行任何形式的談判。」

這位作者獲得的信息還包括，雖然中國政府還沒有形成任何明確的政策，但是內閣正在設法解決所有的問題，包括對膠州的意見，一旦作出決定後，參加巴黎和會的中國代表就會獲得命令。而中國需要邁出的第一步，就是響應威爾遜的號召，完全支持國聯。而中國的政治家和中國人民最大的希望，就是他們的意見能被完全並且坦誠地傾聽。

伍德羅·威爾遜總統

「一戰」期間，對許多中國人而言，威爾遜儼然是中國的救星。蔣廷黻甚至宣稱，他曾「相信威爾遜總統所說的每一句話」。然而在巴黎和會上，威爾遜卻最終放棄了中國。

坍圮的長城

從敵樓的門洞向外探望，古舊的長城，牆已坍塌，岌岌可危，如同此時的中國，是這邊牆倒、那方屋漏。從 1918 年「一戰」以協約國告勝以來，中國就開始幻想鴉片戰爭以來的寒冬將要過去，在「公理戰勝強權」的時代，巴黎和會將還給中國一個公道。巴黎和會決定將德國在華權益全數轉移給日本，這場勝利的分贓會迅速把國人的幻想擊得粉碎。

中國在公開的陰謀中受辱：
德國將山東轉讓給日本

　　起初，美國總統威爾遜並沒有辜負中國人的期望。《紐約時報》的這篇報導發表的次日，威爾遜就在巴黎提出「十四點主張」，包括廢除秘密簽訂外交條約、尊重殖民地人民的公意、德國在歐洲強佔的土地應退回等。然而，無論威爾遜怎樣調停斡旋，時局仍然向着不利於中國的方向發展。

　　參加巴黎和會的中國代表團無疑獲得了各國的關注，但更多是出於不解和嘲諷。負責荷蘭撤軍事宜的卜祿士曾擔任過中國政府警務顧問，他在 1919 年 3 月 3 日的記錄恰恰說明了當時中國的窘迫：「阿迪斯說中國派遣一個龐大的代表團前往巴黎。他認為這很像中國一貫的作風，但除此之外，他不明白中國為甚麼這樣辦。考慮到中國既非五大強國之一，甚至也不在次要的十個強國之列，是個無足輕重的國家，卻派出一個人數在 200 以上的大代表團，這似乎顯得特別。」

　　不過，卜祿士卻也低估了局勢的嚴峻，「美國像它所久已應當做的，正在加強它的陸軍和海軍。日本最終必須就範，它敢再使用極端方法恫嚇北京嗎？」弔詭的是，日本真的這樣做了，而威爾遜終究也未能拯救中國。德國在山東的權益被轉交給日本，「五四運動」就此爆發。戰爭的勝利並沒有為中國帶來期待中的和平與復興，反倒將這個滿目瘡痍的國家繼續拋入深淵。

　　美國駐華大使芮恩施在得知中國的利益被出賣後，滿懷憤懣，他寫道：「世界上可能沒有任何地方像中國這樣對美國的領導抱有如此大的希望。中國人信任美國，信任威爾遜總統時常宣佈過的原則，他的話語傳播到中國最遠的地方。正因為如此，那些控制巴黎和會的老頭們的決定，使中國人民有着更強烈的失望。我一想到中國人將如何接受這摧殘他們對國際平等希望的打擊，就感到深深的沮喪。」

　　同時，芮恩施也注意到在華美國人的普遍心態：「在華的美國人，像英國

德國人離開青島

「一戰」期間，青島在120年建城史上發生了為數不多的兵燹戰火，交戰的雙方是意欲爭奪青島殖民權的德國和日本。交戰的德日雙方的兵力幾乎是一比十，戰爭結果讓青島歷史由德佔時期進入日佔時期。兩個帝國主義國家在中國領土上的廝殺，使青島成為第一次世界大戰期間唯一的亞洲戰場。與此同時，千里之外的上海，同樣的劇情也在上演。1919年4月，德國人離開上海。中國搬運工把他們的行李運到碼頭。德國在第一次世界大戰中失敗後，在華權利也被轉讓給日本。

人和中國人一樣，在這不安的幾個星期裏，都深深地感到沮喪。自從美國參戰以來，大家就有了勝利的信心，相信所有的犧牲和痛苦，都會使戰後國際活動建立起正義的原則。在這種原則之下，人類可以生活得更幸福和更安全。現在所有的希望卻都粉碎了。」

5月9日，另一位親華派莫理循同樣憤憤地寫道：「威爾遜總統完全愚弄了中國人。他為了收買日本人，讓日本不再對於國際聯盟沒有為民族平等作出文字規定的事提出反對，同日本做了一筆交易。他答應支持日本對中國提出的全部要求，以換取日本不再堅持其在國際聯盟提出的民族平等主張，結果是使日本在中國所得遠遠超出它的預期。總統現在正在對中國人連哄帶嚇，使他們相信他一直是支持中國的，勞合喬治先生（David Lloyd George）和法國人極為反對，以致他為了保全寶貴的國際聯盟，不得不作出讓步。」

兩週後，《泰晤士報》針對時局作出了更為深刻的評價：「和平條約把德國從中國奪去的所有不義之權全部無條件地、毫無報償地交給日本。這意味着，當普魯士主義在世界上所有地方都必須被剷除的時候，美國和它的盟友卻為了日本利益決定使普魯士主義永久地在中國存在下去。」

曹汝霖

「五四運動」中被打倒的三名賣國賊，曹汝霖是位階最高者，所謂的火燒趙家樓，燒的就是曹汝霖的宅子。「五四」之後，「賣國賊」曹汝霖心灰意冷，決意退出政壇，隱居青島，反思自己的過錯，積極做慈善。日本進佔華北，他也沒有為日本人做過一件事，1966年病死於美國底特律。值得一提的是，當年在火燒趙家樓中的一位叫梅思平的年輕人，在抗日戰爭中，卻投靠了汪偽政權，和日本人簽訂了出賣國家利益的條約，抗戰勝利後被作為漢奸槍決。歷史就是這樣充滿弔詭，令人唏噓。

「五月四日」：憤怒的學生們創造的中國時間

《凡爾賽和約》徹底激怒了中國人，「五四運動」爆發了。不過，這場在中國引起軒然大波甚至即將影響中國時代進程的巨大變故，卻在五天以後才出現在《紐約時報》上。即便如此，這已是西方世界對「五四運動」最早的報導了。

這篇報導的姍姍來遲，緣於北京政府對消息的封鎖，「今天國務院得知，與中國北京的通訊電線已被切斷。只收到芮恩施公使的一則無線電報，新聞界的報導得到證實，由於在巴黎進行的關於山東問題的決議引發憤怒，首都北京發生了動亂」。報導同時指出，中國警察在面對學生的衝擊時，表現出相當的寬容與冷靜，只不過，由於上級再三下令要求嚴辦，為了交差，他們才被迫拘捕學生。

更多的細節，來自芮恩施，他面對《基督教科學箴言報》（*The Christian Science Monitor*）的記者侃侃而談，他說，學生們最初非常自覺，他們才是「運動中的警察」，他們負責監督商店和商販，破壞日本的廣告牌，他們把沒收的各類日本商品擺在一起，激發人們的愛國熱情。不過，運動還是很快就升級了，各個階層開始加入。這一切，都被芮恩施視為中國正在覺醒的徵兆。

其實，就在「五四」當天，外出的芮恩施躲過了一次「嚴峻的考驗」，「一群學生在使館門口出現，宣稱要見我，那天我正好去門頭溝的寺廟旅行，所以沒有見到他們。後來事實證明，他們的遊行示威，是展開學生運動的第一步，這個學生運動創造了歷史。那天上午，因為事先得到巴黎對山東問題決定的暗示，他們愛國的熱忱達到了沸點」。芮恩施還說到中國人對美國所抱有的幻想：「在北京，沮喪的中國人民把希望都集中在巴黎，當北京得到巴黎可能接受日本要求的暗示時，學生們第一個衝動是要去見美國公使，去問他這消息是否屬實，並且要看他有甚麼可說，我逃掉了一次嚴峻的考驗。」

此時身在中國巡迴演講的杜威（John Dewey），1919 年 6 月 20 日給女兒寫信，澄清了自己對「五四運動」的觀感：「我發現我上次把學生們的第一次示

新文化運動的旗手胡適

1919年1月15日，中國迎來了兩位陌生人：德先生（Democracy）
和賽先生（Science）。這兩位來自西洋的「先生」成為中國啟蒙運
動最深入人心的形象，甚至是新文明理想的代名詞。最先為國人引
介兩位先生的是陳獨秀，而胡適對德、賽兩位先生的熱情並不亞於
陳獨秀。1917年，胡適通過哲學博士學位的最後考試，回中國任北
京大學教授，參加編輯《新青年》，並發表《文學改良芻議》，同
年，胡適回安徽省績溪縣與江冬秀結婚。1919年，胡適接辦《每週
評論》，發表《多研究些問題，少談些主義》。

威活動比作大學生們的起哄鬧事，這是有欠公允的。整個示威遊行經過了周密的計劃，並且比預計的還要提早結束，原因是有一個政黨不久也要遊行示威。他們的運動如果在同一個時候，會被誤認為是被政黨利用。他們要以學生身份獨立採取行動，要使我們國家 14 歲多的孩子，領導人們展開一場大清掃的政治改革運動，並且使得商人和各界人士感到慚愧而來加入，那可是難以想像的。這實在是一個了不起的國家。」

四天後，杜威進一步發現了這股學生運動力量的駭人之處，他在《新共和》（*The New Republic*）雜誌上撰文，題為〈學生反抗在中國〉（"The Student Revolt in China"），「很多事實證明學生實際上已能夠把商人拉過來擁護他們，他們已不再孤立無援，而已達成了一種聯盟，在攻守上都和商會在一起。他們在談着罷稅的行動。」

這場運動在中國社會的各個階層產生了深遠的影響。8 月 4 日，杜威在信中描述了學生運動引發的中國教育界風波：「看來目前的教育次長留任是有三個條件的——他必須解散北大，防止校

陳獨秀

1919 年 6 月 11 日，陳獨秀在北京街頭散發《北京市民宣言》時被捕入獄。消息迅速傳遍全國，各界、各省函電交馳，要求釋放陳獨秀。學界有 69 人署名保釋陳獨秀，其中有著名的教授，也有普通的中學教員；有新派人物，也有舊派人物。對「五四運動」持反對態度的田桐，也發函電，要求立即釋放陳獨秀。在各方的壓力下，陳獨秀恢復了自由。胡適在六年後還對此念念不忘，1925 年 12 月，他在「北京群眾燒毀晨報館」一事發生後寫給陳獨秀的信中提及此事。

長回任，開除目前所有的高級學校的校長。他未能完成任何一件，因此安福系的人便不滿意。人家說他是個滑頭的政客，當他和我的開明的朋友吃飯時，他訴說着自己如何被人譭謗——有人說他是安福俱樂部的會員。」

後來，杜威又將這場運動與來自法國的影響建立起關聯，他在《亞洲》（*Asia*）雜誌上發表文章，題為〈中國的新文化〉（"New Culture in China"），他給予這場運動以新的定義——「在內心深處，它是反對所有政客，反對所有將來想要直接通過政治以達到社會改革的一種抗議」，他還站在更高的層面提出：「民主本是一些信仰，本是對生活的一種看法、一些思想的習慣，民主並不只是政府的形式，所以實行民主需要有普遍的教育（universal education），朝普遍教育邁進第一步是用口語白話為書寫的工具。」他還提出：「要是沒有基於思想變革的社會改革，中國是改變不了的。政治革命失敗了，因為它是外在的、形式上的，只觸及社會活動的架構，沒有影響到真正控制社會生活的概念。」杜威也指出了此時中國面臨的一系列嚴峻的問題：「中國事實上還在工業革命的最初階段，要是中國不願重蹈其他國家的覆轍，不願有從勞資關係中產生的各種罪惡，不願有勞工低薪的工業、童工、婦女工、資方的壓迫和勞方的怠工等，要是中國想從其他國家 19 世紀的歷史中得到教訓，必須對這些問題早作準備。」這些無疑都是剛剛崛起的青年一代需要面對的嚴峻考驗。

讀報的年輕人

在公共閱報欄閱讀時事的年輕人,他們是 1919 年愛國
運動中的主角。

北京基督教青年會學生演講

1919 年，春天如期而至，而人們心中的陰霾卻遲遲揮之不去。沉重的歷史與文明，已無法給予這個民族足夠的自信心與歸屬感。北洋軍閥政府亦面臨着尷尬掃興的局面：以戰勝國之名，承戰敗國之實。學生們走上街頭，聲勢浩大的遊行拉開帷幕。學生們在大街小巷演講，遇到警察來驅趕，學生們聲淚俱下地對警察說道：「你戴的帽子是中國的嗎？你所衣、所食、所仰仗的不都是中國國民的血汗嗎？你不見朝鮮亡國之後全國軍警都是日本人了？為甚麼我為救中國而講演，你反而幫助仇人驅逐聽眾？你不為國家想，那你也不為你自身的生存、為你所仰仗的一切而想嗎？」話音未落，警察已淚如雨下，在場的聽眾無不掩面而泣。

演講的學生與周圍的聽眾

學生們向聽眾們解說着山東將亡、中國將亡的種種細節，一遍遍傳遞着他們的兩個信條：中國的土地，可以征服，而不可以斷送；中國的人民，可以殺戮，而不可以低頭。孩子們也在熱鬧的人群中穿梭，周遭的一切對於他們來說是那麼陌生而新鮮，他們臉上掛着茫然，不知道國之將亡意味着甚麼。

保定直隸總督府西轅門

大量的青年們在此聚集，他們的熱情亦感染到許多市民、工人和商人。

學生遊行的隊伍

1919 年 5 月 4 日上午 10 時，各校學生代表在
法政專門學校召開大會，決定遊行路線。各處
警察阻攔與封鎖，使得學生們頗受刺激，情緒
激昂。事後眾多關於遊行路線的追憶，略有差
異。原北洋政府陸軍部駐署京師憲兵排長白岐
昌在報告中記載：該學生團於午後 2 時 30 分
整隊出天安門，折東進東交民巷西口，至美國
使館門首，遂被阻止。該代表等從事交涉，仍
未允通行。後即轉北往富貴街，東行過御河
橋，經東長安街南行，經米市大街進石大人胡
同，往南小街進大羊宜賓胡同，出東口北行，
向東至趙家樓曹宅門首。

財商學校的遊行隊伍

曾幾何時，學生們為慶祝「一戰」勝利，同樣行進在這條道路上，短短半年後，事件、心情、態度迥然不同。這樣的急轉直下，他們年輕的心並未做足準備。

女學生參與遊行

她們舉着民國的五色旗，表達她們的一腔愛國之心。

學生們在天安門前集會

1919年5月4日，學生們在天安門前集會，青年沸騰的熱血使得周遭環境迅速升溫。走出校門與家門的青年聚集在天安門廣場，義無反顧，滿懷激情。他們急促而鏗鏘的腳步，轉動了古老中國的車輪。天安門這個古老中國的象徵，再次成為中國某個歷史時間的座標。天安門上已沒有了可以宣詔的人，但天安門下的民眾，卻試圖呼喚國人「快快醒來」。

軍警逮捕愛國學生

1919 年 6 月 4 日，「五四運動」發生一個月後，軍警逮捕北京大學的學生，學生脖子上還掛着標語。

被捕學生越來越多

1919 年 6 月 4 日，清華大學學生活躍分子被北洋政府派兵抓捕。這些無畏的學生還揮動着他們手裏的旗子。哲學家杜威抵達北京時恰逢爆發「五四運動」。他在《紐約時報》稱「在北京有約 1 萬人參加了示威遊行，大學已經變為監獄，城市實行宵禁。但無畏學生的反政府演講無處不在，這是公眾意見的勝利，我們正親眼見證着一個國家的誕生，而誕生總是伴隨着艱辛的」。

被捕學生在放風中

因被捕學生太多，許多學校都被臨時徵用成了監所。是日，全國各地城市開展聲援被捕學生的罷課、罷工、罷市運動。北洋政府在壓力下，將 800 名學生釋放。

臨時監獄的探視室

全國性的罷工罷課，使北洋政府對於他們所抓的學生，提供了新的待遇。他們規定學生們可以自由會見來看望他們的人。監獄還設有一個巨大的操場，允許學生在放風的時候去鍛煉身體。其後他們為學生所更換的囚室較寬敞，允許交談、看報、通信、探視，伙食按警廳科員標準，分桌就餐。

孔子的後人

　　巴黎和會讓山東成為世界矚目的焦點，列強都在密切地關注着遠東的形勢，中國的一舉一動都足以引起人們的聯想。

　　1919 年 9 月 19 日的《紐約時報》寫道，中國領館確認，北京政府已經發出與德國之間的和平公告，並且，隨着本月中國與澳洲簽署和平協議，中國最終成為國聯的一員。「根據一位在華盛頓的中國權威人士證實，中國政府與德國之間的和平聲明並沒有涉及山東問題，而只是恢復與德國進行商業往來的可能性。他還說，這項行動之後，兩國也將重建外交關係。」

　　作者指出，中國仍然懷抱希望，試圖獲得比 1915 年與日本簽訂「二十一條」後更有利的條款，藉以「挽回當時那個孱弱時代所失去的一些東西」，並且，他認為，「對日本來說，放棄一些是一件好事情」。

　　西方世界都將目光投向山東，對於這片土地的真實狀況，人們基本一無所知。此時，梅納德·歐文·威廉姆斯（Maynard Owen Williams）正在山東漫遊，他為美國《國家地理》雜誌做了一篇報導，題為《孔子的後人》。此時，中國作為時尚品代工地的形態似乎已經巍然成形。威廉姆斯寫道，用髮網將頭髮網起來，開着車去鄉村俱樂部參加舞會，正是流行於美國女孩們間的時尚，而這種髮網的製造者，正是中國山東的「幾千名紅色臉龐、黑色眼睛的姑娘們」，「她們用其兄弟們剪下來的辮子製造這種髮網，這是她們唯一的謀生手段」。製造這些髮網的破爛小茅屋，與大洋彼岸的鄉村舞會的場景，形成鮮明的對照，「山東和邁阿密的海灘，其實正是姊妹」。

　　威廉姆斯如此描述山東，「這個省像衣阿華州（即艾奧瓦州）那樣大，人口居然有 3,000 萬，而他們每天都工作 16 個小時」，他們中的 15,000 人在「一戰」時追隨英國的軍艦，離開故鄉，前往歐洲戰場，他們在戰爭中作出了貢獻，而現在，這些年輕的勞工已經返回家鄉。這無疑是前所未有的一代人，儘管他們

只是勞工，沒有多少文化，但他們已經可以説一些不太純正的法語或者英語，也擁有了一些新的思想和新的理想。當威廉姆斯在濟南和青島見到他們時，發現這些年輕人「已經有些傲慢，因為他們有了些錢，且熱衷於看電影。他們現在更率真，更整潔，也更機敏」。長此以往，這裏或許會出現兩種格局：要麼是帶動當地的手工業迅速發展，或者是，頻繁地向世界各地那些人口密度比較小的地區移民。

威廉姆斯也注意到，日本篡奪的膠濟鐵路修築權，將為這些年輕的中國勞工們找到新的空間，「此前他們在國外學習的技能，會對他們有很大幫助。這條鐵路最終將會使他們的家鄉和整個歐亞大陸連為一體，或許能從馬德里直接到濟南」。

對於山東的未來，作者作了兩個形象的比喻：「山東就像一個巨大的容器，儲藏着無限的上等勞動力；山東又像一個驛站，人們從這裏走向新世界。」只不過，作者的這些期盼或許過於樂觀，使這篇文章的結尾變得有點像喊口號，山東的未來和中國的未來一樣，注定要走過一條極為晦暗的道路。

民國初年山東曲阜的一位青年

他倚靠在孔廟的廊柱上，身上的藍布衣敞開，長相英武。拍攝者艾伯特·卡恩（Albert Kahn）認為他像極了美國的青年人，無所畏懼地生活着。

中華民族本身就是最好的紀念碑

與梅納德・歐文・威廉姆斯發現的那個貧窮與苦難的山東不同，在此之前，法國漢學家沙畹（Édouard Chavannes）卻發現了這片「中國的聖地」的另一種光輝：「我們像是走進了時光隧道，回到了遙遠的過去，看到多年以來穩固地控制着中國的權力的思想根源。」

他認為泰安的宗教化特徵非常明顯，「每年的 2 月和 3 月，朝聖者最多，最多時每天有 1 萬人上泰山」。這條朝聖之路有些艱苦，尤其是從泰安北門到泰山山頂的那條路，全長 6 英里，共有 6,600 級陡峭的台階。

作者對中國古代的典籍比較了解，他寫道：「山頂的景色非常美麗，但是還是無法與 2,400 年前孔子和顏淵看到的泰山相比。據說，他們看到了大海，但這未必可信。因為對於泰山 5,100 英尺的高度來說，地平線應該在大約 85 英里之外，而現在泰山和海洋的距離有 100 英里。或許是因為過於勞累，當時我們竟然對顏淵的話信以為真，他說他看到蘇州的城門旁邊，在白色的絲綢幕布前面有一種藍色的東西。『不！』孔子說，『那是一匹白馬，而那種遠看是藍色的東西是一串豆子。』『太棒了！』有人評價，『這就是聖人的智慧！』實在太不可思議了！因為蘇州在整整 400 英里以外。」

到曲阜之後，沙畹也開始探討孔子信仰是如何建立起來的。「最初人們只敬畏自己祖先的牌位，有長達幾百年，寺廟裏並沒有禮拜孔子。但是，人們對儒家的教義不斷獲得更深入的認識，於是在聖人的出生地建立了第一座孔廟。後來的皇帝陸續賜予孔子更高的榮譽，擴建和修復孔廟，也就變得水到渠成」。作者還注意到：「據說覆蓋在孔子身上的泥土來自中國的 18 個省，不管這傳言是否真實，都足以看出孔子在這個偉大國家的廣泛深遠的影響。孔子是全中國的精神支柱，雖然他不算完美，並且在如今這個激進的年頭似乎有些過時，但在每個人心中他仍是無法替代的偉人」。正是基於對孔子思想的認知，作者最後回到上海

前門大街

正陽門箭樓、城樓、甕城、正陽
橋和五牌樓作為一組有機的建築
整體，有「四門三橋五牌樓」之
稱。五牌樓，位於正陽橋南端，
上書「正陽橋」字樣，是一座五
間六柱五樓沖天式牌樓。「庚子
之變」的一把烈火焚燒了商業街
的繁榮舊夢，經歷劫難、修復，
再度繁華的商業大街亦一次次蛻
變。曾經是比肩接踵的行人，繼
而是來回奔馳的黃包車，現在又
開進了小汽車，亮起了電燈泡。
近代工業的身影，悄然潛入了這
個古老國度的身軀。

後依然對曲阜念念不忘，並且斷言：「中華民族本身就是他們最好的紀念碑」，「如今在中國興起的復古思潮，在很大程度上和孔子的儒家思想密切相關。因為這位古代的老師就倡導面向更遙遠的上古社會，用理想主義的陽光來看待自己的國家」。

梅納德・歐文・威廉姆斯和沙畹發現的都是山東，它們都無比真實，在歷史和現實之間，如同這個古老而年輕的國度。

被世界辜負的中國，仍在尋求機會

1919 年 9 月 16 日，《紐約時報》報導，中國銀行行長即將短期訪問美國，與美國的銀行家們商討合作成立中美銀行事宜。報導還指出，明天將要回到美國的前駐華大使芮恩施已經獲得了包括中國總統、總理、前總理們、國防部長、國會、英美協會、北京的銀行家們以及許多駐中國的外國機構的款待。

芮恩施此次回國，是因為他認為美國在巴黎和會上出爾反爾，令中國受辱，更令美國蒙羞，因此憤而辭職。回國後，芮恩施創辦了律師事務所，為中國政府提供法律諮詢。1922 年他受邀再度來到中國，在中國政府提供金融諮詢，次年因病在上海去世。

芮恩施這次起程前，曾向中國總統徐世昌提出，邀請梅蘭芳到美國表演。不過，直到 11 年後，梅蘭芳才終於踏上美國的土地，並獲得空前的讚譽。而那時，芮恩施已經去世多年。

中國的另一個老朋友莫理循，留給他的時日也已經不多了。

1919 年 7 月 7 日，莫理循對幾個月來的混亂作出了總結：「和平條約全文，對中國來說，比預計的還要壞得多，簡直是災難性的。我不相信任何一個活着的有地位的中國人，有足夠厚的臉皮，敢於簽署這個條約，除非，美國能夠提供某

種可為中國人接受的確實保證。然而，美國從前曾經在危難中把中國人甩在一邊。中國人對此記憶猶新，可能對美國比從前懷有更大的戒心，不願輕易接受美國的指導了。這是一個令人驚愕的和平跳躍，它懲罰了已經給予協約國相當大的幫助，並且還打算多幫些忙的中國。」同時，這位在中英兩國之間充當着橋樑的人物，也對英國政府提出了他的建議：「英國政府如果能夠明智而審慎地行事，我相信，是能在遠東成為支配性力量的。我們在中國有龐大的利益，比日本所得大十倍有餘。中國現在是世界上最大的未開發地區。敵國在那裏有龐大的利益，但無法與我們的相比。」他還注意到：「《朝日新聞》提到『在中國出現的由某一盟國教唆的強烈反日運動』。這裏所說的某一盟國無疑是指英國。」莫理循甚至還清楚地記得，這家報紙於 1915 年 12 月 10 日還在一篇議論英國的社論中，輕蔑地表示了這樣的意見：「戰後英國的地位，行將與中國今日的地位一樣。」

然而，在莫理循不再直接參與《泰晤士報》的報導以來，這家報紙對中國的關注已經今非昔比，莫理循坦言，「我對於《泰晤士報》對中國給予注意如此之少感到驚

芮恩施

芮恩施（1869—1923）是美國律師、政治學者、外交官，當時美國遠束事務權威，1913 年至 1919 年出任美國駐華公使，其間經歷了「二十一條」、「一戰」對德宣戰、「五四運動」等重大事件。長期擔任中國北洋政府最高顧問。

訝。它大約每三星期發表一條大衛‧福來薩發來的電訊」，僅此而已。

十天後，陳友仁在寫給《泰晤士報》的短訊中表達了相似的意見：「你們曾經有過一位駐北京的名記者。他所寫的報導據説可以同時作為中國的歷史和英國遠東政策的指南。」

事實上，只需一個小小的例證，就足以證明莫理循的遠見。當李大釗接連發表《庶民的勝利》和《布爾什維主義的勝利》慶祝十月革命的成功、布爾什維克主義在中國受到狂熱的歡迎之際，莫理循就表達出深深的疑慮。1919 年 7 月 23 日，他寫道：「誰都明白布爾什維克主義對於中國是一大危險。它已經從西伯利亞滲入蒙古地區。為了維持蒙古的完整，中國正在致力於防止除中國之外，有最大利害關係的一個強國，在中國自己的部份領土上造成無政府狀態。這不僅是為了外蒙古地區的穩定，也是在為協約國的利益作出的貢獻。」當記者們仍然忙着關注學生運動和民族仇恨時，這位敏鋭的觀察家已經再度提起他的筆桿，預言了中國的未來。

民國初年的小學課堂

西式學堂的同伴教育形式給民國初年的孩子們極大的影響。曾經養在深閨的小女孩也可以走出家庭，和年齡相仿的其他女孩一起，坐在不大的教室裏，跟隨老師的教鞭，接觸她們未曾見過的一切新事物。辛亥革命後，各小學以「留意兒童身心之發育，培養國民道德之基礎，並授以生活所必需之知識技能」為宗旨，舊教育的影響逐漸淡化，新知識增加，歐美資產階級教育思想影響逐步加深。以考取功名為目的的讀經講經科被取消，各科教材的內容選擇，以兒童個人興趣為主，還增加了音樂、自然、衛生、英文等新科目。

民國大學中的女學生

中式鏤空的門廳裏，坐着三位靜靜看書的女學生。光線斜斜地照在她們的臉上，投下淡淡的陰影。大學裏面有着數以萬計的書本等着她們去閱讀，知識的甘露滋潤着這些年輕的、靈動的生命，各種新鮮的思想在她們身上生根發芽，蔓延開來。學校鼓勵女學生自主自立，自己作出選擇，尤其是在婚姻問題上。當女學生們從父為子綱、夫為妻綱的繁文縟節中解脫出來時，這些新的教育理念便成了婦女地位上升的基石。可以說，教育漸漸地使婦女的社會地位得以上升。

南開大學開學紀念照 最影 五二九八民中 日十月年國華 念紀學開學大開南

南開大學開學紀念照

經過兩年多的籌備和建設，1919 年 9 月 25 日，南開
大學正式開門招生，這是南開大學第一屆新生的大合
照。嚴修與張伯苓等達人顯士端坐第一排居中，最後
排左一為新生周恩來，這位共和國開國總理，是南開
大學至今最傑出的校友。

吳稚暉

吳稚暉和李石曾發起勤工儉學會，創辦里昂中法大學並組織留法勤工儉學運動。1919 年 5 月，第一批學生 89 人抵達法蘭西。先後赴法的學生中有周恩來、李立三、聶榮臻、陳毅等。對吳稚暉的評價可謂一言難盡。他縱覽中西文化，踏政治、文化兩船，既為孫中山之友、「三民主義」之信徒，卻又為無政府主義張目。最耐人尋味的是，他的無政府主義者同志稱他是「一個壞透了的好人」。

詹天佑

1919 年 4 月 24 日，傑出的「留美幼童」詹天佑不幸因病逝世，享年 58 歲。「留美幼童」一詞，在清代李鴻章的奏摺中稱為「駐洋幼童」。1872 年，11 歲的詹天佑作為第一批「留美幼童」中的一員，橫渡太平洋赴美留學。1878 年，詹天佑考入耶魯大學謝菲爾德理工學院土木工程系學習鐵路工程。1919 年，詹天佑出席協約國「中東鐵路監管委員會」的會議，同帝國主義佔領中東鐵路的侵略行徑進行了堅決的鬥爭，並致電「巴黎和會」，揭露帝國主義掠奪中國鐵路的陰謀。

教育家張伯苓與芮恩施

張伯苓（左）不僅是大教育家，他還是中國奧林匹克運動的最早倡導者。

1919 年的北京景山

這座據稱是人造的山濃縮了這個國家兩個王朝的命
運。1644 年 3 月 19 日，李自成攻入北京，是為甲申之
變，明思宗自縊於萬歲山東麓一株老槐樹上。清軍入
關後，將此槐稱為「罪槐」，用鐵鏈鎖住，規定皇族、
文武官員路過此地都要下馬步行，以示對前朝皇帝的
尊敬。1924 年，馮玉祥部佔領景山，架設大炮，驅逐
溥儀出宮。此後景山一度荒蕪，並時常有軍隊駐紮。

大上海的街頭廣告林立

香煙佔了很大的版面，這張圖片顯示著名的天梭錶也
已經進入中國。

四川安縣，三名「背二哥」

「背二哥」又叫「腳夫」或「背夫」，在崎嶇的西南
山路上，一般的畜力車或者獨輪車都無法行走，只能
靠這些背工苦力來運送貨物。照片中的三位背工，靠
在身後的木拐子上休息，背上如小山一樣的包裹，壓
得他們的腿都變形了。

四川金堂縣趙鎮的運輸隊

因為連年戰亂，土匪眾多，大眾運輸都需要配備護衛
來保證沿路安全。

四川威州，蘇家僕人

這個目光呆滯的人，手持一台燭火，如同從某個阿拉伯傳說中走出來一樣。

四川安縣，戴大斗笠的男子

他手中的扇子與身邊擠進鏡頭的身影，都使這張照片充滿了象徵意味。

上海的盲人樂師和他的搭檔

同上海的氣質一致的是，即使作為一個盲人樂師，他們仍然把自己打扮得整齊一新。

1919 年 3 月 1 日，雍和宮

喇嘛們正在為前來參加驅魔傳統節日的信眾施捨米和酒。

海拉爾的駐軍在列隊

這支軍隊有着奇怪的隊形，如果看到最後，隊尾彷彿有不足一米高的孩子，或者說，這支部隊更像是由矮小的孩子組成。

江西廬山牯嶺仙女橋

上面坐着的都是來這座夏都度假的洋人。

民國初年的上海全景

參考報刊書目

本書在寫作時，參考並使用了以下報刊文史資料：

- 《每日郵報》（*Daily Mail*）
- 《每日電訊報》（*The Daily Telegraph*）
- 《洛杉磯時報》（*The Los Angeles Times*）
- 《紐約時報》（*The New York Times*）
- 《國家地理》雜誌（*National Geographic*）
- 《華盛頓郵報》（*Washington Post*）
- 費正清、劉廣京編：《劍橋中國晚清史 1800—1911 年（上、下卷）》（*The Cambridge History of China Vol.10: Late Ching, 1800-1911*）

本書部份圖片資料來源

- H. C. 懷特公司（H. C. White Company）
- 大不列顛及愛爾蘭皇家亞洲學會（Royal Asiatic Society of Great Britain and Ireland）
- 小川一真
- 中國國民黨黨史館
- 中國國家圖書館
- 中國第二歷史檔案館
- 方蘇雅（Auguste François）
- 怡和集團（Jardine Matheson Group）
- 法國羅歇 - 維奧萊圖片社（Roger-Viollet）
- 美國中央通訊社（The Central News Agency）
- 美國坎布里奇哈佛燕京圖書館（Havard-Yenching Library, Cambridge, USA）
- 美國杜克大學圖書館（Duke University Libraries, USA）
- 美國國家檔案館（National Archives）
- 美國華盛頓史密斯森尼博物院，弗瑞爾博物館和賽克勒博物館（Freer Gallery of Art and Arthur M. Sackler Gallery Archives, Smithsonian Institution, Washington, USA）

- 美國華盛頓史密斯森尼博物院貝林中心，國立美國歷史博物館檔案中心（Archive Center, National Museum of American History, Behring Center, Smithsonian Institution, Washington, USA）
- 美國華盛頓國會圖書館（Library of Congress, Washington, USA）
- 英國倫敦大英圖書館（British Library, London, UK）
- 英國倫敦維多利亞與阿爾伯特博物館（The Victoria and Albert Museum, London, UK）
- 英國倫敦維爾康姆圖書館（Wellcome Library, London, UK）
- 蓋蒂圖片（Getty Images）
- 德國威廉港市檔案館（City Archive in Wilhelmshaven, Germany）
- 德國聯邦檔案館（Bundesarchiv）
- 樋口宰藏
- 澳洲國家檔案館（National Archives of Australia）
- 澳洲悉尼新南威爾士州立圖書館（The State Library of New South Wales, Sydney, Australia）

本書中部份圖片因年代久遠以及版權人變更關係，無法聯繫到版權方，請版權方與本書編者聯繫，以支付稿酬為謝。

圖片策劃：大偉、蔡岩、王瑩

書　　名：覺醒——20世紀中國影像史（1910-1919）

編　　著：師永剛　張泉

責任編輯：張宇程

美術編輯：郭志民

出　　版：天地圖書有限公司

　　　　　香港黃竹坑道 46 號

　　　　　新興工業大廈 11 樓（總寫字樓）

　　　　　電話：2528 3671　傳真：2865 2609

　　　　　香港灣仔莊士敦道 30 號地庫（門市部）

　　　　　電話：2865 0708　傳真：2861 1541

印　　刷：美雅印刷製本有限公司

　　　　　九龍觀塘榮業街 6 號海濱工業大廈 4 字樓 A 座

　　　　　電話：2342 0109　傳真：2790 3614

發　　行：聯合新零售（香港）有限公司

　　　　　香港新界荃灣德士古道 220-248 號荃灣工業中心 16 樓

　　　　　電話：2150 2100　傳真：2407 3062

出版日期：2023 年 5 月 / 初版

本書原由生活 · 讀書 · 新知三聯書店有限公司以書名《圖說 20 世紀中國 1910-1919：
覺醒》出版，經由原出版者授權本公司在港澳台地區出版發行本書。